協力すれば何かが変わる
《続・学校グループワーク・トレーニング》

坂野公信 監修　　日本学校グループワーク・トレーニング研究会 著

図書文化

図書文化社版　発刊に寄せて

　私たち日本学校グループワーク・トレーニング研究会（発足時は横浜市学校グループワーク・トレーニング研究会）は，1987年4月にグループワーク・トレーニング（以下GWT）研究の第一人者である坂野公信氏のご指導の下，発足しました。坂野公信氏が成人を対象に行ってきたGWTの有効性を認め，GWTを学校教育の中に取り入れていくことを目的に，現在も活動を続けています。

　これまで，株式会社遊戯社の木内宣男氏のご協力を得て，4冊の本を発刊することができました。会員のそれぞれが学校現場で実践を積み重ねた財（実習）や考え方を載せたものです。

　その後，時代の変化に合わせ，本の改訂にも取り組みました。

> 『改訂　学校グループワーク・トレーニング』（2009年改訂第1刷）
> 　※『学校グループワーク・トレーニング』（1989年初版）の改訂版
>
> 『協力すれば何かが変わる＜続・学校グループワーク・トレーニング＞』（1994年初版）
>
> 『学校グループワーク・トレーニング3』（2003年初版）
>
> 『学校グループワーク・トレーニング4』（2014年初版）

　この度，これらの本を図書文化社から発刊していただけることになりました。表紙のイラストや装丁などに少し変更した部分はありますが，内容は今までと同じです。

　最後になりましたが，これまでご指導いただいた故坂野公信氏，本の作成にご協力いただいた故木内宣男氏，引き続き本を発刊することにご尽力いただいた図書文化社の皆様に感謝申し上げます。

2016年3月

日本学校グループワーク・トレーニング研究会
会員一同

「学校グループワーク・トレーニング」の本を手にとられた皆様へ

> ・GWTのねらいは，集団に積極的に参画し，責任を分担する協働者を養成すること。
> ・GWTでは，自らの気づきによって，自ら行動変容することを求めている。また，一人一人が成長していくとともに，集団も成長していくと考えている。「個」と「集団」の両者の成長を大切にしている。

　私たちは，子どもたちに「協力をしましょう」ということを投げかける場面があると思います。この「協力」という言葉は意味が広く，具体的にどのような協力をすればよいのかということを，子ども自身はわからないことがあります。

　そこで，具体的にどのようにすればよいのかということを子どもたちが体験的に学べる方法の一つとして，学校GWT財（実習）を開発し，実践してきました。

　学校GWTでは，グループで課題を解決する活動を行います。この活動では，協力をしない（互いに関わらない）と解決ができない課題や手順，ルールを設けています。活動後に必ずふりかえりの時間を設けます。このときにふりかえりシートを使うなど文字で書き表すことにより，自分の気づきをより明確にできるようにします。

　活動のふりかえりのときには，課題解決のプロセスに着目をし，互いのどのような具体的な行動が課題解決に役立ったのかを話題にします。そして，それぞれの気づきをグループや全体で共有していきます。そのとき，直接課題解決に役立つ行動だけではなく，賛成した，励ましたなど，互いの関係性が進んだり，グループの雰囲気が和らいだりするような行動にも目が向けられることが望ましいと思います。このような活動のふりかえりの中で，「自分がやってよかった」「友達が気づいてくれてうれしかった」などの思いを子どもがもてることが，自尊感情の高まりにつながっていくと考えています。そして「もっと自分にできることをしていこう」と積極的に集団に関わっていこうとする子どもになっていくと考えています。さらに，子どもが自分の気づきや他者の気づきから「協力をするということはどのようなことか」や，「協力することのよさ」などがわかり，日常生活に生かしていこうとするところまで学校GWTではめざしています。

　私たちは，課題解決のプロセスでの学びと集団の関係づくりでの学びを両輪と考え，どちらも大切にし，子どもたちがいろいろな視点で気づきを得られるように，構成的に学校GWT財を作成しています。あくまでも子ども自身の気づきを大切にし，常に指導者が自分のもつ価値観や方向性を無意識のうちに押しつけていないかどうか，ふりかえるように心がけています。

　本書の学校GWT財については，【留意点】を参考にしながら，子どもたちの実態に合わせて臨機応変にお使いください。実践の際に不明な点がありましたら，研究会までお問い合わせください。

2016年3月

日本学校グループワーク・トレーニング研究会
研究会ホームページ　http://japanschoolgwt.jimdo.com/

はじめに ── この本をつかうあなたのために ──

　学校での児童生徒の生活には，たくさんのグループ活動があります。グループで活動するとき，私たち教師は「仲良くしなさい」「協力しなさい」とよく口にします。しかし，具体的にどのようにすることが仲良く協力することなのでしょうか。そして，子どもたちは，そのことがわかっているのでしょうか。
　グループワーク・トレーニング（GWT）は，このことを体験的に学ぶプログラムです。
　1単位時間の中でのGWTの流れは，おおよそ次のようになります。

（合計45分間）

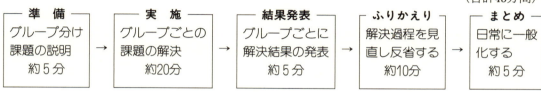

　このようなことを繰り返すことで，一つひとつ具体的に，協力するとはどういうことかを学んでいくことになるのです。
　このようなGWTを各学校の先生方に広めることを目標にして，先に『**学校グループワーク・トレーニング**』を公にしました。そして，発売されてから4年間に，私ども「横浜市学校GWT研究会」には，たくさんのお便り，質問が寄せられました。

「低学年からつかえるような財はないのか」
「もっとたくさんこのような財を紹介してほしい」
「保護者会でつかえるような大人向けのものはないのか」
「学習指導案に書くときは，どのようにすればいいのか」
「学校で行うときは，どの時間に行うのか」　など……

　そこで，これらのことに答えるために，今回は，『**協力すれば何かが変わる《続・学校グループワーク・トレーニング》**』をまとめてみました。
　第1部は，「財編」です。

グループ活動をすると，いつもあの子は黙っているだけだわ。
　　　と思っているあなたのクラスに　「情報を組み立てるGWT」

どうも仲良くグループ活動ができないわ。
　　　と思っているあなたのクラスに　「力をあわせるGWT」

どうも友だちの意見をしっかり聴けないようだわ。
　　　と思っているあなたのクラスに　「聴き方を学ぶGWT」

何かを決めるとき，いつも多数決でしか決められないわ。もっと別のやり方はないかしら。
　　　と思っているあなたのクラスに　「コンセンサスのよさを学ぶGWT」

いつも友だちのあげ足とりばかり。どうしたら友だちのよいところに目が向くのかしら。
　　　と思っているあなたのクラスに　「友だちからみた自分を知るGWT」

保護者や学校の先生方にもさせてみたいわ。
　　　と思っているあなたに　「先生や保護者向けのGWT」

をそれぞれおすすめいたします。

　第2部は，「学校での実践・Q&A」です。
学校で実際に行うとき，ふと疑問に思ったあなたは，お読みください。

　各章のGWT財には，**低学年，中学年，高学年，上級，成人**と書かれています。しかし，これらはおおよその目安ですので，子どもたちの実態にあわせて，おつかいください。低学年と書かれた財を中学年でつかっても，いっこうにおかしくないようにできています。

　また，各GWT財によって，経験や慣れを必要とするものもあります。下の表をご覧になり，クラスの実態にあったものをおつかいください。

　　　　（細字で書かれた財は，前回の本に載せた財です。参考にしてください）

	小学校低学年	小学校中学年	小学校高学年	上　級
GWTを初めて行うとき	・スイスイさかな ・人間カラーコピー	・人間コピー ・パズルしましょう ・ぼくらは探偵団	・人間コピー ・先生ばかりが住んでいるマンション ・色えんぴつを忘れちゃった（気球編）	・人間コピー ・わたしたちのお店やさん ・ぼくらの先生
少し慣れてきたら	・絵まわしドン！ ・お誕生日おめでとう ・みんなあつまれ	・**色えんぴつを忘れちゃった（給食編）** ・**なぞの宝島** ・**ユッタンランド探検記** ・**ケーキをかざろう！**	・図形をつくろう ・わたしたちのお店やさん ・**続・なぞの宝島**	・ぼくらの編集室 ・**続・なぞの宝島** ・**なぞのマラソンランナー**
だいぶ慣れてきたら	・色えんぴつを忘れちゃった（服は何色） ・あなたにプレゼント	・編集会議 ・火事だよ！ ・**カサケン・フィギュアーズ** ・**いいとこみ〜つけた**	・**飛ばせ！紙飛行機** ・クラスにとって大切な人は，どんな人？ ・**私はこうなりたい**	・ぼくらはジョーズ ・**何ができるの** ・ぼくらのリーダー
学期・学年のまとめに	・あなたにプレゼント	・いいとこみ〜つけた ・あなたはステキ	・他己紹介ビンゴ ・みんなでつくる連絡票	・みんなでつくる連絡票

　最後になりましたが，本書の出版を快く引き受けてくださいました遊戯社の木内宜男社長に心よりお礼申し上げます。

　　　　　　　　　　　　1994年2月　横浜市学校GWT研究会　会員一同

もくじ

はじめに ——この本をつかうあなたのために—— ……………………………… 1
もくじ ……………………………………………………………………………… 3

第1部　GWT財編

I　情報を組み立てるGWT財

情報を組み立てるGWTとは …………………………………………………… 10

1. 色えんぴつを忘れちゃった（服は何色？）……………………〔低学年〕…… 12
    - グループへの　しじ書　　13
    - 情報カード　　14
2. 色えんぴつを忘れちゃった（給食編）…………………………〔中学年〕…… 18
    - 情報カード　　19
    - ふりかえりシート　　21
3. 色えんぴつを忘れちゃった（気球編）…………………………〔高学年〕…… 22
    - 情報カード　　23
    - ふりかえりシート　　26
4. なぞの宝島 ……………………………………………………〔中学年〕…… 27
    - 情報カード　　28
    - 解　　答　　31
    - ふりかえりシート　　34
5. 続・なぞの宝島 ………………………………………………〔高学年〕…… 35
    - グループへの指示書　　36
    - 情報カード　　36
    - 遺跡の平面図　　38
    - 解　　答　　39
    - ふりかえりシート　A　　40
    - ふりかえりシート　B　　41
6. なぞのマラソンランナー ………………………………………〔上　級〕…… 42
    - 情報カード　　43
    - ふりかえりシート　　44

II　力をあわせるGWT財

力をあわせるGWTとは ………………………………………………………… 46

1. スイスイさかな ………………………………………………〔低学年〕…… 48
2. 人間カラーコピー ……………………………………………〔低学年〕…… 50
    - 色の指定　　51

— 3 —

3．お誕生日　おめでとう……………………………………〔低学年〕……53
　　　　　・ふりかえりシート　　　　　58
　　　4．みんな，あつまれ！………………………………………〔低学年〕……59
　　　5．カサケン・フィギュアーズ（A）………………………〔中学年〕……61
　　　　カサケン・フィギュアーズ（B）………………………〔中学年〕……62
　　　　　・図形カードの切り方　　　　63
　　　　　・ふりかえりシート（小学生向き）　　　67
　　　　　・ふりかえりシート（中学生向き）　　　68
　　　6．飛ばせ！　紙飛行機………………………………………〔高学年〕……69
　　　　　・グループへの指示書　　　　71
　　　　　・仕事分担表　　　　　　　　72
　　　　　・ふりかえりシート　　　　　74

Ⅲ　聴き方を学ぶGWT財

　　　聴き方を学ぶGWTとは ……………………………………………………76
　　1．何ができるの？………………………………………………〔上　級〕……77
　　　　　・伝える人の指示書　　　　　78
　　　　　・受ける人への指示書　　　　78
　　　　　・ふりかえりシート　　　　　83

Ⅳ　コンセンサスのよさを学ぶGWT財

　　　コンセンサスのよさを学ぶGWTとは ……………………………………86
　　1．ケーキをかざろう！…………………………………………〔中学年〕……88
　　　　　・課題シート（メンバー用）　89
　　　　　・課題シート（グループ用）　90
　　　　　・ふりかえりシート　　　　　91
　　2．ユッタンランド探検記………………………………………〔中学年〕……92
　　　　　・指　示　書　　　　　　　　93
　　　　　・ふりかえりシート　　　　　95

Ⅴ　友だちから見た自分を知るGWT財

　　　友だちから見た自分を知るGWTとは ……………………………………98
　　1．あなたにプレゼント…………………………………〔低学年（中・高学年）〕……100
　　2．いいとこ　み〜つけた………………………………………〔低学年〕……103
　　　　　・課題シート（1・2・3年用）　104
　　　　　・課題シート（4・5・6年用）　105
　　　　　・感想カード　　　　　　　　106
　　3．私はこうなりたい……………………………………………〔高学年〕……107
　　　　　・課題シート　　　　　　　　109

Ⅵ　先生や保護者向けのGWT財

　　　先生や保護者向けのGWTとは ……………………………………………112

1．子どもたちへの願い ……………………………………〔成　人〕……114
　　● 課題シート　　　　　　117
　　● 解答一覧表　　　　　　118
　　● ふりかえりシート　　　119
2．私の教育方針 ……………………………………………〔成　人〕……121
　　● 課題シート　　　　　　122
　　● ふりかえりシート　　　124
3．もし，子どもが …………………………………………〔成　人〕……125
　　● 正解および親の反応　　126
　　● 課題シート　A　　　　127
　　● 課題シート　B　　　　128
　　● ふりかえりシート　　　130

第2部　学校実践での留意点　Q＆A

Q1．学校での1年間のプログラムは，どのようにするとよいでしょうか。
　　　　　　　　　　　　　　　　　　　　　　　　　　　　　　……133
Q2．指導案形式のほうがわかりやすいのですが ……………………135
　　　　● 特別活動指導案（学級指導）　　135・137
Q3．GWTは，どの教科でやったらよいのですか。 …………………139
Q4．特別活動で授業研究するには，どうしたらよいですか。………140
　　　　● 学級活動指導案　　141
Q5．40人を観察するのはむずかしいと思うのですが，
　　　　　　　　　　　　　　どうしたらよいのですか。……………145
Q6．機能的リーダーシップって，なんですか。………………………149
Q7．低学年についても，有効ですか。…………………………………151
Q8．〈ふりかえりシート〉の使い方は？…………………………………153
Q9．「コンテント」と「グループ・プロセス」とは，なんですか。……155
Q10．GWTに参加しない子どもがいたら，どうしますか。 …………158

横浜市学校GWT研究会

第1部
GWT財編

情報を組み立てるGWT財

情報を組み立てる GWT とは

　子どもたちのグループ活動を見ていて，次のようなことはありませんか。グループの中で黙っている子どもがいる。子どもたち同士が関連づけた話ができない。情報を整理しないで話しあっている。このようなとき，この章のGWT財が有効です。

　この章に紹介してあるGWT財は，すべて，グループの一人ひとりのもっている情報（〈情報カード〉に書かれた内容）をお互いに伝えあい，それぞれの情報を組み立て，協力しあって課題を達成することを目的としています。このGWTを行うことで子どもたちは，情報をどのように整理していくかを学ぶでしょう。

　情報を整理するためには，次のような段階があると考えられます。

1　一人ひとりが自分のもっている情報を正確に読みとる

　課題達成のためには，勝手な解釈をせずに情報を正確に読むことが大切です。一人の勝手な推測から混乱をきたし，課題が達成されなくなることもあるのです。

　また，不必要な情報も含まれているので，何が大切で，何が大切でないかを取捨選択して読みとらなければいけません。しかし，必要でないと思った情報も，話しあっていくうちに，重要な情報であることがわかり，もう一度情報にあたって考えることも少なくありません。

2　お互いに自分の情報を発表しあうことで，何が課題かを明確にする

　次に，それぞれが読みとった情報をお互いに読みあうことで，どんなことが書かれているのか，何を解決すればよいのか，などをお互いに明確にしていきます。

　このとき子どもたちの中には，人前で意見を言ったり，発表したりすることが苦手な子どももいますが，このGWTでは必ず自分の情報を人に示していかなければ，課題達成ができないのですから，グループの友だちのあたたかい励ましで，発表することができるようになると思われます。また，あの子は嫌いだからグループに入れてあげない，と思われている子どももいるかもしれませんが，その子のもっている情報も必要なのですから，そうしているわけにはいきません。つまり，互いに自分の情報を発表しあうことで，一人ひとりが重要な人間であることに気づいていくのです。

　なおこのとき，「友だちの情報を正確に聴きとることができていないな」と思われた場合は，第Ⅲ章の「聴き方を学ぶGWT財」を使われることをおすすめします。

3　課題解決のために何から話しあっていくのか，手順，方法を決める。

　お互いがどのような情報をもっているのかが明らかになったなら，次に，課題達成のために何から調べていけばよいかを話しあいます。情報の中の何に着目したら解決できそうか，どういうふうに調べていくのが効果的かなどを話しあうのです。たとえば「続・なぞの宝島」では，まず部屋の位置にかかわる情報を集めて，遺跡の中の部屋を特定することから考えていこうとすることなどです。

4 関連しそうな情報を組み立て,情報を構造化する

　　ここにグループ内の協力が必要になります。一人ひとりが情報を聴き,それぞれが独自にがんばっても解決できるかもしれません。しかし情報量が多すぎて時間がかかってしまうでしょう。全員が,お互いの情報を1枚の紙の上に関連づけながらあらわしていったなら,すばやく解決できるのです。

　　そこで今度は,解決に役立つ必要な情報の順に,発表することになります。記録者は,表や図で関連づけながら情報を整理するとわかりやすくなります。

　　このとき注意することがあります。記録者の方にいる人は紙に書かれた文字が見やすいのですが,反対側にすわっている人は見にくいのです。ときには紙を逆にしたり,記録者を替えたりして,全員が参加しやすいように配慮する必要があります。

5 課題を解決したら,もう一度もとの情報に返って確認する

　　構造化して課題を解決したら,もう一度もとの情報に返って確認するとよいでしょう。なぜならそのときまで重要な情報を見逃していたなんてこともあるからです。

　　また,グループによっては頭の回転の早い数人で解決してしまうことがあります。グループの話し合いに追いつけない子どもがいるのです。このようなとき,教師は「グループの人全員が,なぜそうなったか説明できないといけません」などと指示し,グループの全員がその解決に納得できるように配慮をする必要があります。

こんな財を用意しました

こんなとき	ＧＷＴ財	内　容	気づき
◎グループ活動のとき,いつもあの子は黙っているだけだわ。 ◎グループ活動のとき,いつもあの子ばかり話している ◎グループ活動のとき,子どもたち同士が関連づけた話し合いができない。	色えんぴつを忘れちゃった（服は何色）[低学年]	○動物の服の色を示す情報を組み合わせ,下絵に描かれた動物の服に,各自が持っている色鉛筆でぬる。	・自分のもっている情報はきちんと伝えなければいけないと思った。
	色えんぴつを忘れちゃった（給食編）[中学年]	○給食の色を示す情報を組み合わせ,下絵に描かれた給食に,各自が持っている色鉛筆で色をぬる。	・人の話を正しく聴かないといけないと思った。 ・情報をまとめるときは協力をしなければいけないと思った。
	色えんぴつを忘れちゃった（気球編）[高学年]	○気球の入った絵の色を示す情報を組み合わせ,下絵に各自が持っている色鉛筆で色をぬる。	
	なぞの宝島[中学年]	○宝のありかを示す情報を組み合わせ,宝のありかと道順を記入する。	・自分の情報は正確に伝えなければいけないし,人の話はきちんと聴かないといけないと思った。
	続・なぞの宝島[高学年]	○遺跡に関する情報を組み合わせ,宝のありかにたどりつく経路を記入する。	・情報をまとめるときは,みんなで協力をしなければいけないと思った。
	なぞのマラソンランナー[上　級]	○マラソンランナーに関する情報を組み合わせ,ランナーが走っている順番を決定する。	・自分のもっている情報を言葉によって確実に友だちに伝えなければいけないと思った。

[低学年]

1．色えんぴつを忘れちゃった（服は何色？）

[ねらい]
1. 一人ひとりが自分のもっている情報を正確に伝え，正しく聴くことの重要性に気づく。
2. 多くの情報を集めてまとめるときの，グループの協力の大切さを学ぶ。

[準備するもの]
1. 色鉛筆（黄，橙，青，赤，茶，緑，黄緑，ピンク）　　　　　　　　1グループ1セット
2. 下　絵　　　　　　　　　　　1グループ1枚
3. 情報カード（12枚）　　　　　1グループ1セット
4. 解　答　　　　　　　　　　　　　掲示用1枚
5. ふりかえりシート　　　　　　　　　1人1枚
6. 筆記用具　　　　　　　　　　　　　各自用意

[時間配分]　　45分
1. 準備・説明　　　　　　　　　　　　　10分
2. 実　施　　　　　　　　　　　　　　　20分
3. 結果発表　　　　　　　　　　　　　　2分
4. ふりかえり　　　　　　　　　　　　　10分
5. まとめ　　　　　　　　　　　　　　　3分

[すすめ方]
1. 準備・説明
   ① グループ（3〜4人）に分ける。
   ② 〈下絵〉〈色鉛筆〉〈情報カード〉を配り課題を読みあげる。
   「今，それぞれのグループに一匹の動物がいます。でも，動物の洋服には色がついていません。これでは，さびしいですね。みなさんで協力して洋服の色を調べてください」
   ③ 約束を知らせる。
   「色は，これから配るカードを調べていくとだんだんわかってきます。でも，このGWTには約束が4つあります。

   約束1　これから配るカードは，裏返しにしてトランプのようによくきって，みんなに配ってください。
   約束2　自分がもらったカードは，人に見せてはいけません。
   約束3　カードに書いてあることは，グループの人に言葉で伝えてください。
   約束4　自分が持った色鉛筆は，自分だけが使えます。色鉛筆を人に貸してぬってもらってはいけません。

   時間は20分間です。それでは始めてください」
2. 実　施
   ① 早くおわったグループには，もう一度〈情報カード〉を確かめさせる。
3. 正解発表
   ① 〈解答〉を提示する。
4. ふりかえり
   ① 〈ふりかえりシート〉を配り，話しあわずに記入させる。全員が記入しおえたら，グループごとに，この課題達成の過程で起こったこと，そこから学んだことなどを話しあわせる。

まとめ
   ① うまくいったグループを取り上げて，どうしてうまくいったかを発表させる。
   ② 各グループの発表をもとに，ねらいに沿ってまとめる。

まとめの例
・大きな声ではっきり言う。・よく聞く。
・みんなの書きやすい位置に下絵を置く。
・書きやすい場所に動く。
・友だちのしていることをよく見る。など

[子どもたちの反応]
・自分の持っている色鉛筆だけでは完成しないので，必然的に相手に働きかけていた。

[留意点]
・色鉛筆のセットによってはカードと同じ色がない場合もあるので，事前に確認する。
・5人のグループでは，色鉛筆を2本持つ子が1人でるが支障はない。

[服は何色？]

（4人用）

グループへの　しじ書　（やくそく）

　4人で　力を　あわせて　どうぶつの絵に　色を　ぬって　ください。
　1人が　つかえる　色えんぴつは　2本です。
　　1人め……黄色と　ピンク色
　　2人め……青色と　赤色
　　3人め……茶色と　黄みどり色
　　4人め……オレンジ色と　みどり色
　1人の　人が　3つの　色を　つかっては　いけません。

[服は何色？]

（3人用）

グループへの　しじ書　（やくそく）

　3人で　力を　あわせて　どうぶつの絵に　色を　ぬって　ください。
　1人が　つかえる　色えんぴつは，
1人め……黄色と　ピンク色
2人め……茶色と　黄みどり色と　赤色
3人め……オレンジ色と　みどり色と青色
　ほかの　人の　色を　つかっては　いけません。

情報カード

[色えんぴつを忘れちゃった・服は何色？]

1. ポケットの ある方が 右です。

2. ズボンの 左がわは 青です。

3. 左の そでは オレンジ色です。

4. 左えりの 色は赤です。

5. 左の くつ下は黄みどり色です。

6. 右えりの 色は黄みどり色です。

7. 片方のくつ下と ポケットは みどり色です。

8. ズボンの 右がわは オレンジ色です。

9. 左の くつは 茶色です。

10. 服の色は 黄色です。

11. 右の くつがピンクです。

12. 右の そでは赤です。

[中学年]

2．色えんぴつを忘れちゃった（給食編）

[ねらい]
1．一人ひとりが自分のもっている情報を正確に伝え，正しく聴くことの重要性に気づく。
2．多くの情報を集めてまとめるときの，グループの協力の大切さを学ぶ。

[準備するもの]
1．色鉛筆（黄，橙，赤，水，黄緑，茶）
　　　　　　　　　　　　　1グループ1セット
2．下　　絵　　　　　　　　1グループ1枚
3．情報カード（12枚）　　　1グループ1セット
4．正　　解　　　　　　　　掲示用1枚
5．ふりかえりシート　　　　1人1枚
6．筆記用具　　　　　　　　各自用意

[時間配分]　45分
1．準備・説明　　　　　　　5分
2．実　　施　　　　　　　　20分
3．結果発表　　　　　　　　2分
4．ふりかえり　　　　　　　13分
5．まとめ　　　　　　　　　5分

[すすめ方]
1．準備・説明
① グループ（5〜6人）に分ける。
② 〈下絵〉〈色鉛筆〉〈情報カード〉を配り色鉛筆は適当に分けさせる。
③ 説明を始める。
　「さあ，おなかがすいてきました。もうすぐ給食です。でも，おいしい給食に色がついていません。これではおいしくありませんね。みなさんで協力して給食の色を調べてください」
④ 約束を知らせる。
　「色は，これから配るカードを調べていくとだんだん分かってきます。でも，このGWTには約束が4つあります。

> 約束1　これから配るカードは，裏返しにしてトランプのようによくきって，みんなに配ってください。
> 約束2　自分がもらったカードは，人に見せてはいけません。
> 約束3　カードに書いてあることは，グループの人に言葉で伝えてください。
> 約束4　自分が持った色鉛筆は，自分だけが使えます。色鉛筆を人に貸してぬってもらってはいけません。

　時間は20分間です。それでは始めてください」
2．実　　施
① 早くおわったグループには，もう一度〈情報カード〉を確かめさせる。
3．正解発表
① 〈正解〉を提示する。
4．ふりかえり
① 〈ふりかえりシート〉を配り，話しあわずに記入させる。全員が記入しおえたら，グループごとに，この課題達成の過程で起こったこと，そこから学んだことなどを話しあわせる。
5．まとめ
① うまくいったグループを取り上げて，どうしてうまくいったかを発表させる。
② 各グループの発表をもとに，ねらいに沿ってまとめる。

> まとめの例
> ・大きな声ではっきり言う。・よく聞く。
> ・みんなの書きやすい位置に下絵を置く。
> ・書きやすい場所に動く。
> ・友達のしていることをよく見る。など

[子どもたちの反応]
・自分の持っている色鉛筆だけでは完成しないので，必然的に相手に働きかけていた。

[留意点]
・色鉛筆のセットによってはカードと同じ色がない場合もあるので，事前に確認する。
・5人のグループでは，色鉛筆を2本持つ子が1人でるが支障はない。

情報カード

[色えんぴつを忘れちゃった・給食編]

1. カレーシチューには にんじんとじゃがいもと にくが はいっています。

2. 花のかたちの にんじんは オレンジいろです。

3. じゃがいもは きいろ にくは ちゃいろです。

4. パンは，にくと おなじいろです。まるいのは じゃがいもです。

5. ぎゅうにゅうは みずいろです。

6. スプーンと カレーの さらはおなじいろです。

7. ぎゅうにゅうの いろは スプーンと おなじです。

8. くだものの いろは あかです。

9. カレーシチューの スープのいろは きいろと オレンジいろを かさねて ぬってください。

10. きゅうしょくの したに しいてあるのは きみどりの チェックの ナプキンです。

11. くだものは りんごです。

12. ストローの いろは じゃがいもと おなじです。

ふりかえりシート

［色えんぴつを忘れちゃった
・給食編］

____年____月____日　____年____組　グループ名_____　名前_____

　　　　　いまの　グループでのかつどうを　おもいだして　かいてください。

1．みんな　なかよく　できましたか？

　　　　　　　　　　　　　　　　できた　　・　　できなかった

2．じぶんの　いいたいことが　いえました？

　　　　　　　　　　　　　　　　いえた　　・　　いえなかった

3．ほかの　ひとの　はなしを　よくききましたか？

　　　　　　　　　　　　　　　よくきいた　　・　　よくきかなかった

4．じぶんの　いいたいことを　みんなが　きいてくれましたか？

　　　　　　　　　　　　　　　きいてくれた　　・　　きいてくれなかった

5．こんど　やるときは　どんなことを　がんばりますか？

［高学年］

3．色えんぴつを忘れちゃった（気球編）

［ねらい］
1．一人ひとりが自分のもっている情報を正確に伝え，正しく聴くことの重要性に気づく。
2．多くの情報を集めてまとめるときの，グループの協力の大切さを学ぶ。

［準備するもの］
1．色鉛筆（赤，橙，ピンク，黄，黄緑，緑，水色，青，紫）　　　　1グループ1セット
2．下絵　　　　　　　　　　　1グループ1枚
3．情報カード（26枚）　　　1グループ1セット
4．正解　　　　　　　　　　　　　掲示用1枚
5．ふりかえりシート　　　　　　　1人1枚
6．筆記用具　　　　　　　　　　　各自用意
7．黄緑色の折り紙（3×7cm）
　（情報カード No.24）　先生の背中用1枚

［時間配分］　45分
1．準備・説明　　　　　　　　　　　　5分
2．実　施　　　　　　　　　　　　　20分
3．結果発表　　　　　　　　　　　　　3分
4．ふりかえり　　　　　　　　　　　10分
5．まとめ　　　　　　　　　　　　　　7分

［すすめ方］
1．準備・説明
　①　グループ（4〜6人）に分ける。
　②　〈下絵〉〈色鉛筆〉〈情報カード〉を配り，〈色鉛筆〉は適当に分けさせる。
　③　次のように説明する。
　　「まあくんとさっちゃんは，ぬり絵をしようと思いました。でも，色鉛筆を忘れてしまいました。そこで，みんながふたりのかわりに色をぬってあげましょう」
　④　約束を知らせる。
　　「何色でぬるかは，これから配るカードを調べていくと分かります。でも，GWT には約束が4つあります。

約束1　これから配るカードは，裏返しにしてトランプのようによくきって，みんなに配ってください。

約束2　自分がもらったカードは，人に見せてはいけません。
約束3　カードに書いてあることは，グループの人に言葉で伝えてください。
約束4　自分が持った色鉛筆は，自分だけが使えます。色鉛筆を人に貸してぬってもらってはいけません。

　　時間は20分間です。それでは始めてください」
2．実　施
3．正解発表
　①　〈正解〉を提示する。
4．ふりかえり
　①　〈ふりかえりシート〉を配り，話しあわずに記入させる。全員が記入しおえたら，グループごとに，この課題達成の過程で起こったこと，そこから学んだことなどを話しあわせる。
5．まとめ
　①　うまくいったグループを取りあげて，どうしてうまくいったかを説明させる。
　②　各グループの発表をもとに，ねらいに沿ってまとめる。

［子どもたちの感想］
・まぜた色というところがむずかしかった。
・みんなでがんばったので楽しかった。
・時間がたりなくてあせった。

［子どもたちの反応］
・自分の持っている色鉛筆だけでは完成しないので，必然的に相手に働きかけていた。
・一人ひとりがカードを読む場面と，色をぬる場面の2度参加できるので，だれもがよくがんばったという実感をもてていた。

［留意点］
・色鉛筆のセットによってはカードの色がない場合もあるので，事前に確認する。
・色鉛筆を持ってない人がいないように配慮する。

情報カード　　［色えんぴつを忘れちゃった・気球編］

- 1．気きゅうのふうせんは，黄色です。
- 2．男の子のシャツは，水色です。
- 3．右がわのチューリップの花は，赤です。
- 4．半ズボンは，青です。
- 5．三角屋根は大きいチューリップの花と同じ色です。
- 6．黄色いかべの家と，水色のかべの家があります。
- 7．三角屋根のかべは，黄色ではありません。
- 8．人の顔，手，足の色は，えんとつのある家のかべと同じ色です。
- 9．太陽のまわりのギザギザは，三角屋根の色と同じです。
- 10．えんとつは，男の子のシャツの色と同じです。
- 11．太陽の右がわの雲は，えんとつの色と同じです。
- 12．水色の雲と，青い雲があります。
- 13．半ズボンと同じ色の屋根があります。
- 14．さっちゃんのかみの毛は，みどりです。

15. 三角屋根(さんかくやね)のうしろの山は、さっちゃんのかみの毛と同じ色です。

16. 小さなチューリップのくきとはっぱは、○ど○色です。

17. まん中の山の色は、二つの屋根(やね)の色をまぜた色です。

18. 気きゅうのかごと、男の子のくつとまん中の山の色は、同じ色です。

19. ピンクのチューリップもさいています。

20. ピンクのくつをはいている子がいます。

21. 太陽(たいよう)と三角屋根(さんかくやね)の家のまどは、さっちゃんのくつと同じ色です。

22. ▨ のところは、黄色(きいろ)とみどりをまぜた色です。

23. 大きいチューリップのはっぱと、同じ色のまどがあります。

24. まあくんのかみの毛のいろは、先生のせなかについています。

25. さっちゃんのワンピースと、同じ色の山があります。

26. さっちゃんのワンピースは、赤と黄色(きいろ)をまぜた色です。

ふりかえりシート　　　［色えんぴつを忘れちゃった
　　　　　　　　　　　　　　・気球編］

　　年　　月　　日　　年　　組　グループ名　　　　　　　名前

　　　　　　　今のグループでの活動を思い出して書いてください。

1．みんななかよく　できましたか？

　　　　　　　　　　　　　　　　できた　・　できなかった

2．自分の言いたいことが，言えました？

　　　　　　　　　　　　　　　　言えた　・　言えなかった

3．ほかの人の話を，よく聞きましたか？

　　　　　　　　　　　　　　　よく聞いた　・　よく聞かなかった

4．自分の言いたいことを，みんなが聞いてくれましたか？

　　　　　　　　　　　　　　聞いてくれた　・　聞いてくれなかった

5．今度やるときは，どんなことをがんばりますか？

[中学年]

4．なぞの宝島

[ねらい]
1. 自分がもっている情報を正確に伝え，そして，正しく聴くことの重要性に気づく。
2. 情報を集めてまとめるときに，協力の大切さについて学ぶ。

[準備するもの]
1. 鉛筆　　　　　　　　1グループ1本
2. 赤鉛筆　　　　　　　　〃
3. 白地図　　　　　　　1グループ1枚
4. 情報カード　　　　　1グループ1セット
5. グループへの指示書　1グループ1枚
6. ふりかえりシート　グループ用＝1人1枚
　　　　　　　　　　メンバー用＝1人1枚
7. 正解　　　　　　　　　掲示用1枚

[時間配分]　45分
1. 準備・説明　　　　　　5分
2. 実施　　　　　　　　 20分
3. 結果発表　　　　　　　5分
4. ふりかえり　　　　　 10分
5. まとめ　　　　　　　　5分

[すすめ方]
1. 準備・説明
　① グループ（5～6人）に分ける。
　② 〈白地図〉と〈グループへの指示書〉を配り，指示書の内容を読みあげる。
　③ 〈情報カード〉を配る。
　④ カードの配り方を指示する。
　「カードは，裏返しにしたままトランプのようによくきってみんなに全部配ってください」
2. 実施
　「それでは，はじめてください。時間は，20分間です」
3. 結果発表
　グループごとに，どのような道すじを通ったかを発表する。正解を発表する。
4. ふりかえり
　〈ふりかえりシート〉を配って記入させる。
5. まとめ

グループへの指示書

[なぞの宝島]

ついに，「なぞの宝島」の地図と情報が見つかったのです。
ぜひみなさんで情報を出しあい，力をあわせて道順を考えて，宝島の地図を完成させ，宝物を手に入れてください。

[地図の書き方]　1. 場所の名前は，鉛筆で書いてください。
　　　　　　　　2. 宝のある場所には，赤鉛筆で◎をつけてください。
　　　　　　　　3. 宝のありかまでたどり着くための道を，赤鉛筆で書いてください。

[約　　束]　カードに書かれている情報は，言葉で伝えてください。友だちの〈情報カード〉を見たり，自分の〈情報カード〉を友だちにわたしたり，見せたりすることはできません。

[ヒント]　ポイントは，地図の　〇　のあるところです。

[時　　間]　時間は，20分間です。

[なぞの宝島]

情報カード

1. 宝島には，北の入り江から上陸することができる。

2. 洞窟には，宝の箱を開けるカギが，かくされている。

3. 遺跡の扉を開ける呪文は，柱の広場の柱にきざまれている。

4. 宝のかくされている遺跡は，パウボの木と城をむすんだ線上にある。

5. 入りこんだら生きては帰れない「悪魔の森」は，ポイント3と4の間にある。

6. 遺跡の中の案内図は，滝のそばのほらあなの中にえがかれている。

7. 遺跡の中に，宝物がかくされている。

8. 滝は，ケーキ山の東南にある。

9. 島にあるすべての川には，ピラニアが住んでいて，わたることはできない。

10. 悪魔の森は，入ったら生きては出られないので，通ることはできない。

11. ケーキ山は，城の南2ポイントのところにある。

12. 王の岩場は，「ら」の1番のポイントにある。

13. 遺跡は，王の岩場と，センプ島のポイントをむすんだ線上にある。

14. パウボの木は，洞窟の1ポイント東にある。

15. 草原は，滝の西へ2ポイント，南へ1ポイントのところにある。

16. 城は，北の入り江から1ポイント東南にある。

17. パウボの木は，草原の中央に生えている。

18. センプ島は，魚の形に似ている。

19. 柱の広場は，城の西2ポイントのところにある。

20. 滝は，王の岩場から東へ4ポイント，南へ2ポイントのところにある。

21. 宝物の箱は，カギがなければ，開かない。

22. 遺跡の扉は，呪文を唱えなければ，開かない。

23. ケーキ山は，火山で火をふいている。

24. 遺跡の中の案内図がないと，宝物の箱にたどり着くことができない。

25. 悪魔の森は，「か」と「じ」のポイントの間にある。

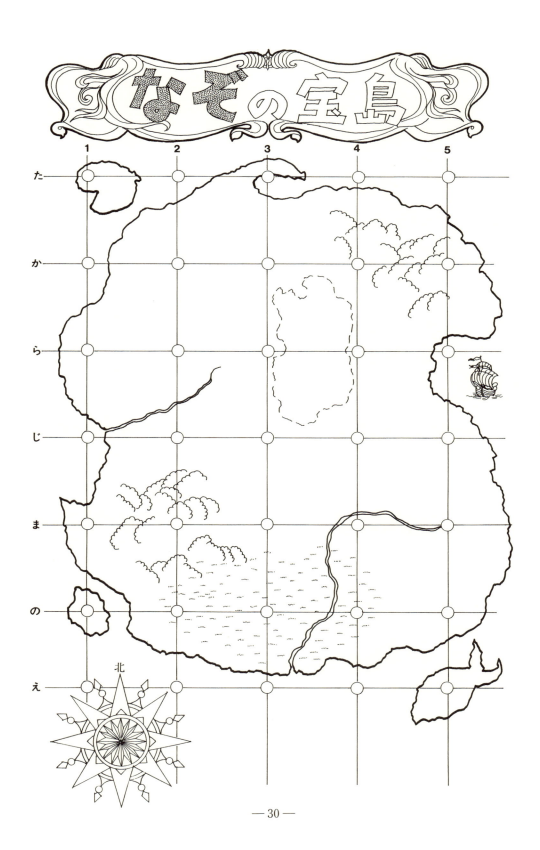

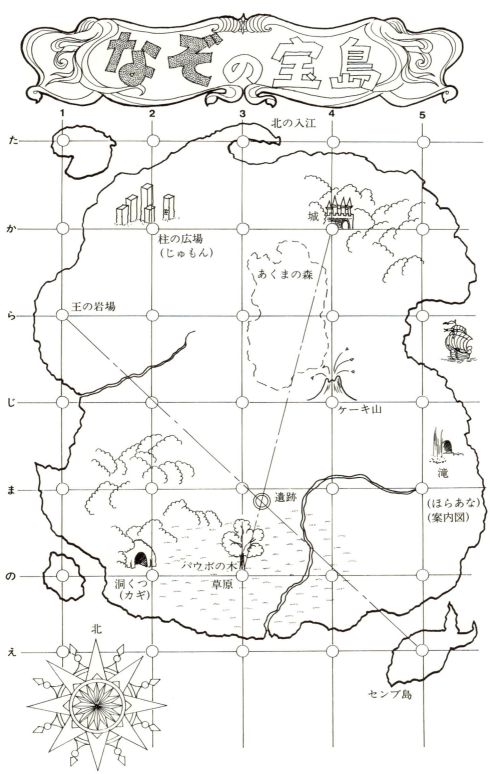

［正　　解］

　なぞの宝島の北の入り江から遺跡までの道順を決めるのは，実はコンセンサスです。正解は，いくつかあります。
　１．「悪魔の森」を通っていないこと。
　２．川を通っていないこと。
　３．柱の広場，ほら穴，洞窟によってから遺跡に行く。
この３つのポイントがみたされていれば正解です。

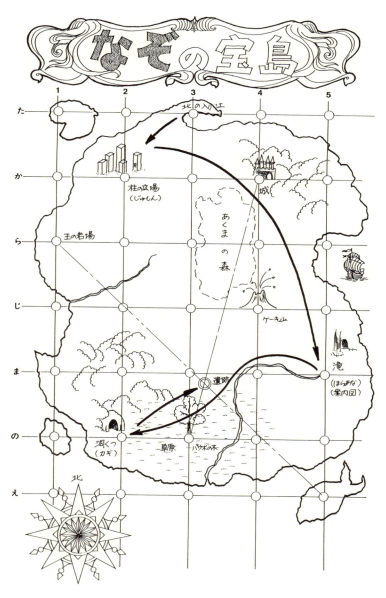

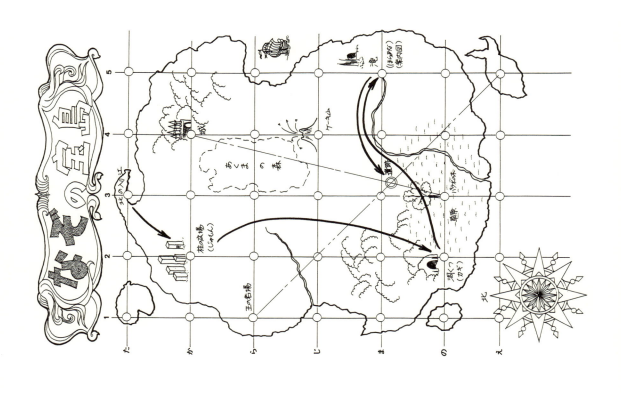

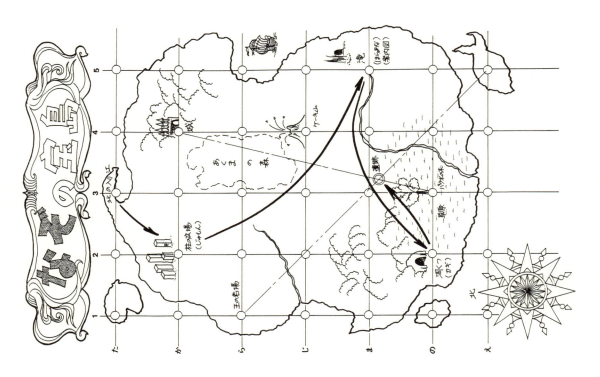

ふりかえりシート　　　　　　　　　　　　　　　　　　　　　　　　［なぞの宝島］

　　年　　月　　日　　　年　　組　グループ名　　　　　　　　名前

　　　なぞの宝島が始まってから，おわるまでの自分のグループの様子を思い出して，つぎの質問に答えましょう。

1．グループの中で，あなたはわかりやすく情報をいえましたか。
　　①よくいえた　　②いえた　　③あまりいえなかった　　④いえなかった

2．あなたは友だちの情報を，すすんで聞こうとしましたか。
　　①よく聞けた　　②聞けた　　③あまり聞けなかった　　④聞けなかった

3．あなたは遺跡を探しだすまでの話し合いがよくわかりましたか。
　　①よくわかった　　②わかった　　③あまりわからなかった　　④わからなかった

4．あなたは，道順を決めるときに，自分の考えをいえましたか。
　　①よくいえた　　②いえた　　③あまりいえなかった　　④いえなかった

5．あなたは，グループで決めたことに満足していますか。
　　①とても満足している　②満足している　③あまり満足していない　④満足していない

6．あなたは，今度，こういうことをするときには，どうしたらよいと思いますか。

7．なぞの宝島をやって，思ったことを書きましょう。

[高学年]

5．続・なぞの宝島

[ねらい]

自分のもっている情報を，言葉によって確実にメンバーに伝える作業をとおして，話し合いでの大切な行動・態度に気づく。

[準備するもの]
1．グループへの指示書　　　　1グループ1枚
2．情報カード　　　　　　　1グループ1セット
3．遺跡の平面図（白地図）　　1グループ1枚
4．遺跡の平面図（正解）　　　1グループ1枚
5．ふりかえりシートAまたはB　1人1枚
6．鉛筆・赤鉛筆　　　　　　1グループ各1本
7．白紙（メモ用紙）　　　　　1グループ1枚
8．正解　　　　　　　　　　　　掲示用1枚

[時間配分]　45分
1．準備・説明　　　　　　　　　　10分
2．実　施　　　　　　　　　　　　20分
3．正解発表・ふりかえり　　　　　10分
4．まとめ　　　　　　　　　　　　5分

[すすめ方]
1．準備・説明
① 5～6人を1グループとし，テーブルを囲んですわらせる。
② 〈指示書〉と〈遺跡の平面図（白地図）〉〈情報カード〉を各グループに配る。
③ 〈指示書〉を読む。また，約束を読みあげ，確認する。

約束1　自分がもらったカードは，人に見せてはいけません。
約束2　カードに書いてある情報は，グループの人に言葉で伝えてください。
約束3　グループの人に質問したり，意見を言ったりする方法は自由です。
約束4　時間は20分間です。時計を見ながら話しあってください。
---

④ グループごとに，カードを裏返しにして，一人ひとりにだいたい同じ枚数になるように配らせる。
⑤ どのグループもカードが行きわたったことを確認したあとで，終了時刻を告げ，開始する。

2．実　施
① 早く終わったグループにはカードに照らしあわせて，あっているかどうかを確認させる。
② 時間がきたら，終わりにさせる。

3．正解発表・ふりかえり
① グループに〈遺跡の平面図（正解）〉を配り，自分たちの解答と比べさせる。
② 〈ふりかえりシート〉を配り，記入させる。
③ グループ全員が〈ふりかえりシート〉に記入しおえたら，グループごとに，この課題達成の過程で起こったこと，そこから学んだことなどを話しあわせる。

4．まとめ
① [ねらい]に即してまとめる。

まとめの例
・自分のもっている情報を伝えられなかった人は，いませんでしたか。
・全員が発言できるように，気を配った人はいましたか。
・終了時刻を気にした人はだれでしたか。
・みんなが思いつかない意見を言った人はだれでしたか。
・けんかせずにできましたか。
・話しあっている内容を整理しながら，すすめられましたか。

[留意点]
・〈ふりかえりシートA〉は，子どもがGWTに慣れていないときに，ふりかえりの観点を身につけさせるために用いる。
・〈ふりかえりシートB〉は，GWTに慣れてきて，ふりかえる観点も子どもたちがわかっているときに用いる。

［続・なぞの宝島］

グループへの指示書

　あなたたちのグループは，「なぞの宝島」に上陸し，宝があるといわれている遺跡の前にきました。
　今，あなたたちの手には，
　　　　　・ある扉を開ける呪文　　　　　・宝の箱を開ける鍵
　　　　　・遺跡の中の地図
があります。
　みんなで情報を出しあい，どこから遺跡に入るか，どのような道すじで宝にたどりつき，そして，脱出するかを話しあってください。ただし，遺跡の中では，みんなでいっしょに行動しなければなりません。
　なお，自分のもらったカードは，人に見せてはいけません。
　カードに書かれた情報は，グループの人に言葉で伝えてください。
　制限時間は，20分間です。

［続・なぞの宝島］

情 報 カ ー ド

１．サイカの扉を開けると，光の間がある。

２．キャスコの扉を開けると黄金の間がある。

３．アッカの扉を開けると祈りの間がある。

４．ピンゼルの扉を開けると時計の間がある。

５．部屋から部屋へ移るには，2分かかる。

６．一度開けた扉は，20分後にしまってしまう。

7．泉の間には，サイカの扉を開ける鍵がある。

8．光の間には，アツカの扉を開ける鍵がある。

9．悪魔の間には，キャスコの扉を開ける鍵がある。

10．悪魔の間は，呪われていて，一度入ったら出られない。

11．女王の間に宝の箱がある。

12．眠りの間に入ると，3分間眠ってしまう。

13．黄金の間は，毒蛇の間，鏡の間，女王の間に通じている。

14．鏡の間は，黄金の間，祈りの間，泉の間に通じている。

15．光の間は，眠りの間と時計の間に通じている。

16．あなたたちの呪文は，朝日のあたる扉だけを開けることができる。

17．ピンゼルの扉には朝日があたる。

18．光の間と毒蛇の間は，以前通じていたが，今は通れない。

19．扉は，内側からは，鍵があっても開かない。

20．今まで遺跡の中に閉じこめられてしまった人は，5人いる。

遺跡の平面図　　　　　　　　　　　　　　　　　　　［続・なぞの宝島］

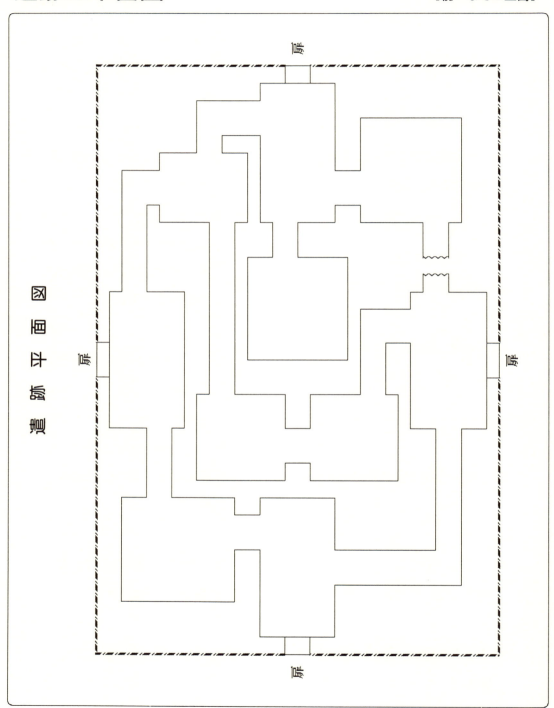

遺跡の平面図　解答　　［続・なぞの宝島］

遺跡平面図および解答

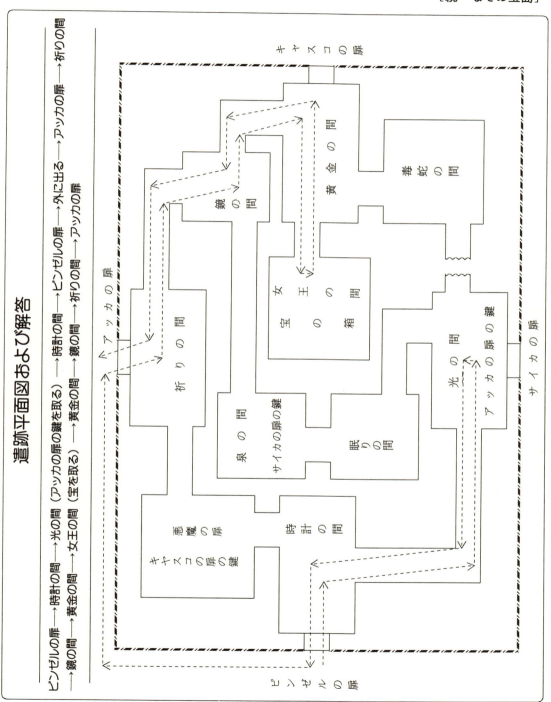

ピンゼルの扉　→　時計の間　→　光の間（アッカの扉の鍵を取る）　→　時計の間　→　ピンゼルの扉　→　外に出る　→　アッカの扉　→　祈りの間　→　鏡の間　→　黄金の間（宝を取る）　→　女王の間　→　鏡の間　→　黄金の間　→　祈りの間　→　アッカの扉

ふりかえりシート　A

[続・なぞの宝島]

年　月　日　グループ名　　　　　　　　年　組　番　名前

今のグループでの活動を思い出して書きましょう。

1. 次の質問にあてはまる人は、だれですか。
   　　自分があてはまるときは、自分の名前を書きましょう。
   　　あてはまる人がいないときは、書かなくてもかまいません。

	質　問	名　前
1	自分のもっている情報をわかりやすく伝えた人	
2	全員が発言できるように気を配った人	
3	終了時刻を気にした人	
4	みんなが思いつかなかったいい意見を言った人	
5	司会をして話をどんどん進めた人	
6	まとめをした人	

2. 今度、こういうことをするときには、どうしたらよいと思いますか。

3. 「続・なぞの宝島」をして、思ったことを書きましょう。

ふりかえりシート B

[続・なぞの宝島]

年　月　日　グループ名　　　　　年　組　番　名前
_____

　　　　　　今のグループでの活動を思い出して書きましょう。

1．グループの友だちは，いろいろな協力をしてくれました。それぞれの友だちが
　どんなことをしてくれたから，うまくできたのかを思い出して書きましょう。

	が	くれて，よかった。
	が	くれて，よかった。
	が	くれて，よかった。
	が	くれて，よかった。
	が	くれて，よかった。
自　分	が	して，よかった。

2．今度，こういうことをするときには，自分をふくめて，みんなはどうしたらよ
　いと思いますか。

6. なぞのマラソンランナー

[上級]

[ねらい]
1. 自分がもっている情報のなかで今，何が大切かを判断し，グループの話し合いの進行状況に応じて，必要な情報をタイムリーに提供できる力をつける。
2. グループのなかでの自分の役割をみつけ，積極的に課題達成へむけて貢献できる力をつける。

[準備するもの]
1. 筆記用具　　　　　　　　　各自用意
2. 情報カード　　　　　　　グループ1セット
　　　　　　　　　　　　　　　（5～7人用）
3. メモ用紙　　　　　　　　　1人1枚
4. ふりかえりシート　　　　　1人1枚

[時間配分]　45分
1. 準備・説明　　　　　　　　5分
2. 実　施　　　　　　　　　25分
3. 結果発表・ふりかえり　　　10分
4. まとめ　　　　　　　　　　5分

[すすめ方]
1. 準備・説明
   ① グループ（5～7人）に分ける。
   ② 「この時間は，謎のマラソンランナーというGWTをやります。グループの一人ひとりが力を出して，協力して答えをだしましょう」
   ③ 〈情報カード〉を1人1枚ずつ裏にして配るように指示する。グループの人数によって，カードの枚数を後ろから調整する。
   　（グループの人数が6人の場合は，いちばん後ろのカードを1枚抜き，6枚にする）
   ④ 課題を説明する。
   　「この〈情報カード〉には，マラソンをしている人の絵がかいてあります。それぞれゼッケンをつけています」
   　「課題は，先頭から数えて4番目に走っている人のゼッケンの番号を答えることです」
   　「カードを人に見せたり，手渡したりせずに，情報は口頭，またはメモで伝えます」
   　「答えがわかったら，グループのみんなで，『バンザイ！』と言ってください」「時間は，25分間です。では，始めてください」

2. 実　施
   ① 開始を告げ，時間を計る。
   ② 各グループの様子で，気づいたことはメモしておく。
   ③ 早く終わったグループには，もう一度確認するようにうながし，確認が終わったグループから〈ふりかえりシート〉に記入させる。

3. 結果発表・ふりかえり
   ① 各グループの答えを発表させる。時間があれば，課題に取り組んだ過程を簡単に報告させる。
   ② 正解の発表。（カードをつなげて見れば一目瞭然である）
   ③ 〈ふりかえりシート〉をもとに，グループごとにふりかえりをさせる。
   ④ 時間があれば，ここで学んだことを発表しあう。

4. まとめ
   ① 今の体験から，協力して仕事をするとき「心がけること」をまとめさせる。
   ② 教師からコメントをつける。

[留意点]
- 〈ふりかえりシート〉の項目は，グループで活動するときにメンバーに必要な役割や機能である。No.1～7，14はP機能（課題達成機能），No.8～13はM機能（集団維持機能）とよばれている。（149頁参照）
- 〈ふりかえりシート〉の項目を参考に，メンバーの動きをみながら，いつもグループのために自分がどのようにしたらよいのか考えられるとよい。

情報カード

[なぞのマラソンランナー]

・グループの人数によって、カードの枚数を調整してつかってください。
・1グループ7人まで可能です。
・6人の場合は、最後のカード、ゼッケン3番を除きます。

ふりかえりシート　　　　　　　　　　　　　　　　　　［なぞのマラソンランナー］

　年　　月　　日　グループ名　　　　　　　　　　年　　組　　番　名前

今のグループ活動をふりかえって，グループのメンバーがどんな役割をはたしていたか，記入してみましょう。それぞれのメンバーにあてはまる役割・機能の欄に〇印をつけましょう。

	はたしていた役割，機能／メンバーの氏名								
1	話し合いを進めるように司会者の役割をした								
2	課題達成にむけて新しい意見，方法を提案した								
3	意見が違うとき，違う点をはっきりさせようとした								
4	メモをとり，情報を整理しようとした								
5	必要な情報を必要なときに言うことができた								
6	話し合いの焦点が，脱線しないようにつとめた								
7	話し合いの進め方に対して，改善提案をした								
8	発言の少ない人に，発言をすすめた								
9	しゃべりすぎる人をおさえた								
10	人の話をよく聞き，理解しようとつとめた								
11	グループの雰囲気をもりあげようとつとめた								
12	人の発言をほめ，励ました								
13	意欲のなくなりかけた人を励ました								
14	みんなの意見の一致を確かめた								
15	その他（　　　　　　　　　　　　　　）								

そのほかに気づいたことをメモしておこう。

Ⅱ 力をあわせるGWT財

力をあわせるGWTとは

　私たちは子どもたちに「協力して……しなさい」とよく言うことがあります。この場合「力をあわせて」とか、「けんかをしないで」という意味に用いているように思われます。しかし、子どもたちに協力してと言ったところで、子どもは「どのように協力したらいいのか」わからない場合も少なくありません。それは、協力して効率よく仕事を終えるために、どういうことが必要なのかを知らないからだと思われます。この章のGWT財は、まさにそのことを学ばせるためにあります。
　では、協力して、効率よく仕事を終えるためには、どういうことが必要でしょうか。必要であると考えられることを、次にあげます。

1．リーダーがいること　──　グループの組織化　──

　リーダーなしには効率のよい仕事はできません。「みんなこの仕事はよくわかっているから、リーダーなんて決めないで、協力してどんどんやりましょう」などと言うことがあります。しかし、効率的に仕事を終えるためには、全体を見て指示をする人が必要になります。
　ここで注意をしなければならないことがあります。それは、リーダーは、班長ではないということです。もちろん班長がすることも多いと思いますが、そのとき、その仕事についていちばんよく知っている人、全体を見られる人がリーダーになり、指示を出すことになります。そのためリーダーは、その時々によって変わることが必要になります。

2．目標が全員にわかっていること　──　目標の明確化　──

　グループの一人ひとりが、「なぜやるのか、どんなことをするのか」を知っていないと、グループの士気に影響します。つまり、自分の仕事は全体からみてどういう位置にあるのかを知ることによって、自分の仕事の意義を感じられるわけです。そしてグループ全体の気持ちを一つにすることが必要です。たとえば、この章の「人間カラーコピー」で、最初にリーダーだけが見てきて作業の分担をするよりも、まず、全員が絵を見てくると、何を描いたらいいのかという目標が明確になり、作業も分担しやすくなり、一人ひとりがやる気になります。

3．グループの全員で目標達成のための方法・手順の決定すること　──　手順の共有化　──

　リーダーだけで手順・役割分担を決めてしまうと、独断的すぎるといってメンバーに不満が残ることがあります。グループ全員の合意で決めたいものです。

4．役割を分担すること　──　仕事の分業化　──

　仕事をどのように分けるのか、そして分けた仕事を誰がするのかが、協力していかに早く仕事を終えるかにかかわってきます。たとえば「人間カラーコピー」のとき、見る人と描く人というように分けてもいいですし、画面を分割して、それぞれを分担したりするのもよいでしょう。

5．誰が何をしているかなどを全員がよく知っていること ── 情報の共有化 ──

　　リーダーが指示を出すからといって，リーダーだけがいろいろな情報をわかっていればよいというわけではありません。リーダーが知った情報は，できるかぎりメンバーに伝えるようにします。そうすることによって，メンバー同士も，お互いにしている仕事の関係を把握でき，助けあえるわけです。
　　またこの章の「カサケン・フィギュアーズ」では「自分はできたからいいや」と思っていても，ほかの人の紙片はうまくできあがらないということがあります。自分の仕事をしたからといって，遊んでいてはいけないわけです。まわりの人も，他の人が作った図形をもう一度見直してみることが大切です。

6．お互いに助けあうこと ── 相互依存 ──

　　役割分担された仕事は，自分で責任をもって遂行しなければいけません。しかし，その分担が必ずしもうまくいくとはかぎりません。早く終わってしまったり，予想以上に時間がかかってしまったりするわけです。そのようなとき，メンバーは，お互いに助けあう必要があります。

こんな財を用意しました

こんなときに	GWT財	内　　容	気　づ　き
◎どうも仲良くグループ活動ができないわ。 ◎どうも協力するときの手際が悪いなあ。	スイスイさかな ［低学年］	○画用紙に折り紙を貼りつけグループで1枚の魚を完成する。	・みんなで作るとき，ちょっとむずかしいこともあるけど，楽しいなあ，と思った。
	人間 カラーコピー ［低学年］	○グループごとに絵を見てきて，画用紙にクレヨンで，そのとおりに絵を写す。	・みんなでやると楽しいなあ，と思った。
	お誕生日 おめでとう ［低学年］	○グループごとに，手元にある絵と，貼ってある絵との違いをみつける。	・自分が見つけてきたら，みんなが喜んでくれてうれしかった。
	みんなあつまれ ［低学年］	○グループ全員の名前を，平仮名表から，文字を拾いだして組みあわせる。	・自分のすることがないとつまらないなあ，楽しくないなあと思った。
	カサケン・ フィギュアーズ ［中学年］	○四角形をバラバラに切ったものを組みあわせることにより，〈課題シート〉に描かれた図形と合同な図形を互いに作る。(A) ○みんなで互いに合同な図形を作る。(B)	・自分ができれば終わりではなくて，みんなができることが大切なんだと思った。 ・自分のいらないカードをあげるのではなく，相手がほしいカードをあげればいいんだと思った。

[低学年]

1．スイスイさかな

[ねらい]
みんなでするから「おもしろい」「楽しい」ということに気づく。

[準備するもの]
1．八ツ切画用紙　　　　　　　　1グループ1枚
2．はさみ　　　　　　　　　　　1グループ2本
3．のり　　　　　　　　　　　　1グループ2個
4．折り紙（15×15cmを4等分した物）
　　　　　　　　　　　　　　　1グループ1束
5．のりを付けるための台紙　　　1グループ2枚
6．お手ふき　　　　　　　　　　各自用意
7．鉛筆　　　　　　　　　　　　1グループ1本
8．フェルトペン（目を描くため）
　　　　　　　　　　　　　　　1グループ1本
9．見本のさかな　　　　　　　　1枚
　※7，8は，1グループにクレヨン1セットで代用してもよい。

[時間配分]　45分
1．準備・説明　　　　　　　　　10分
2．実　施　　　　　　　　　　　25分
3．まとめ　　　　　　　　　　　10分

[すすめ方]
1．準備・説明
① 3～4人を1グループとし，机を囲んですわらせる。
② 「準備するもの」（9．除く）を各グループに配布する。
③ 「スイスイさかな」の説明をする。
「今日は，みんなで楽しい魚を作って，○年○組の水族館を作りたいと思います。みんなで力をあわせて楽しい魚を作ってください」
「作り方を話します」
「画用紙に鉛筆（クレヨン）で魚の形を大きく描いてください」
〈演示する〉

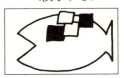

実際に折り紙を貼って見せる。

「次に，折り紙を楽しい魚になるように貼ってください」

貼り終わりを一つ魚の形に切って，仕上げて見せる。

「貼れたら魚の形に切ります」
「最後に目を描いて，できあがりです」
「みんなで仲良く作れるといいですね。困ったことがあったときは，先生に言ってください」
「時計の針が，○まで来たらおわりにします」

2．実　施
① 「では，始めましょう」
② 25分後に終了を知らせる。

3．まとめ
① できあがった魚を，黒板を水槽に見立ててマグネットで貼る。「どこに貼りたいですか？」と聞いてもよい。
② できあがった作品に対して，プラスの評価をする。
例 「わあ，楽しそうな魚がたくさんできましたね」
「なかよくできたら楽しそうな魚になったね」
「仲良く作ってくれたので，先生はとてもうれしいです」
③ 作った魚は，色模造紙などを台紙にして教室掲示するとよい。班ごとのシンボルや，係活動のメンバー表などにも利用できる。

[留意点]
・自己中心的な発達段階である低学年にとって，みんなで作ることに不満をもつ子どももいる。「自分の」さかなが作りたいという願いももっている。しかし，あえてみんなで作ることによって，「楽しさ」だけでなくみんなですることの「難しさ」にも気づかせることができる。まとめのところで「みんなで一つの物を作るってたいへんだね」と共感し，その困難を乗り越えたことを，認めるコメントを大切

にするとよい。
- フェルトペンや鉛筆より,クレヨンが扱いやすいときは,クレヨンで実施する。
- だれがするのか決まらないときに,解決策としてジャンケンを提案するのもよい。
- 時間提示については,低学年なりの配慮が必要である。
- グループの人数は3～4人となっているが,3人より4人の方がけんかにならなくて望ましい。
- はさみやのりは,人数分より少なくしてある。これによって,「自分が参加しなくては,おもしろくない」ということに気づく。
- また,役割が変わらない場合には,「ほかの人に,○○をかしてあげたら？」,「○○をかしてもらえませんか,といってみたら？」などの言葉がけをするとよい。

[低学年]

2．人間カラーコピー

[ねらい]
　グループにおける自分以外の人間の存在に気づく。

[準備するもの]
1．B4のもとの絵（クレヨンでかいたもの）を数枚（3グループに1枚あて）を教室の外に貼っておく。
2．八ツ切の画用紙（もとの絵と同じくらいの大きさのもの）　　　　　1グループ1枚
3．クレヨン（赤，青，水色，黄，緑，黄緑）
　　　　　　　　　　　　　　1グループ1セット

[時間配分]　45分
1．準備・説明　　　　　　　　　　　5分
2．実　　施　　　　　　　　　　　20分
3．結果確認　　　　　　　　　　　　3分
4．ふりかえり・まとめ　　　　　　17分

[すすめ方]
1．準備・説明
　① 子どもたちをグループ（4人，いないときは3人でもいい）に分け，机を囲んですわらせる。
　② 画用紙を配り，クレヨンを用意させる。
　③ 次のように説明する。
　　「今日は，みんながコピーの機械になってやるGWTです。廊下や隣の教室などに1枚の絵がはってあります。その絵を見てきて，わたされた画用紙に，そっくり同じように描いてください」
　　「見に行くときの注意が3つあります。
　　ア．何度見に行ってもかまいません。
　　イ．1回に見に行く人は，班で1人です。
　　ウ．見に行くときに何か持って行ってはいけません。時間は20分間です」
　　（質問があったら受ける。）
2．実　　施
　① 「それでは始めましょう」
　② 終了6分前，2分前になったら知らせる。
3．結果確認
　終了の合図をし，もとの絵を見せる。
4．ふりかえり・まとめ
　それぞれのグループのよいところ，一人ひとりのよいところを，それに気づいた子どもたちの発言によって進める。また，子どもたち同士で気づかなかった友だちのよかったところを，この財の〔ねらい〕と関連づけて教師が紹介する。
　またそれに気づいた子どもたちのつぶやきを取りあげるなどして，まとめる。

[子どもたちの感想]
・○○ちゃんは太陽の棒の数まで細かく見てきてくれてすごい。
・みんなでやってきれいにかけてよかった。
・おもしろかった。
・もっとむずかしい絵でもやってみたい。

[子どもたちの反応]
　子どもたちがとても楽しんで実施することができ，力をあわせる財のねらいは達成できた。
・絵がうまくかけたグループ
　活動に満足し，このメンバーでまたやってみたいという意欲がでた。
・絵がうまくかけずにもめたグループ
　そっくりにかこうとする子どもとそうでなくてもよいとする子どもたちとの間でもめた。両者の考え方の違いや互いのよさを紹介し，今後の日常生活の場で補っていきたい。

[留意点]
・正確さをとわないようにする。
・ポイントの観点を決めて正確さを競うこともできる。たとえば，太陽の棒の数，色，花の形や並び方など，クラスの実態に応じて，細かく観点を決めると難易度がつく。
・低学年の場合，楽しかった思いを大切にするために，〈ふりかえりシート〉を使わずに話し合い形式で終えるとよりあたたかい雰囲気で終えることができる。
・協力の証として，掲示に役立てるとよい。

人間カラーコピー
色の指定

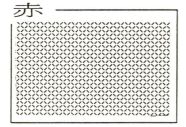
赤

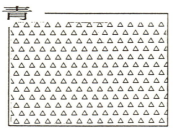
青

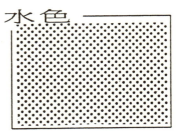
水色

黄色

緑色

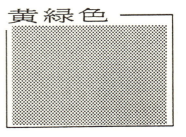
黄緑色

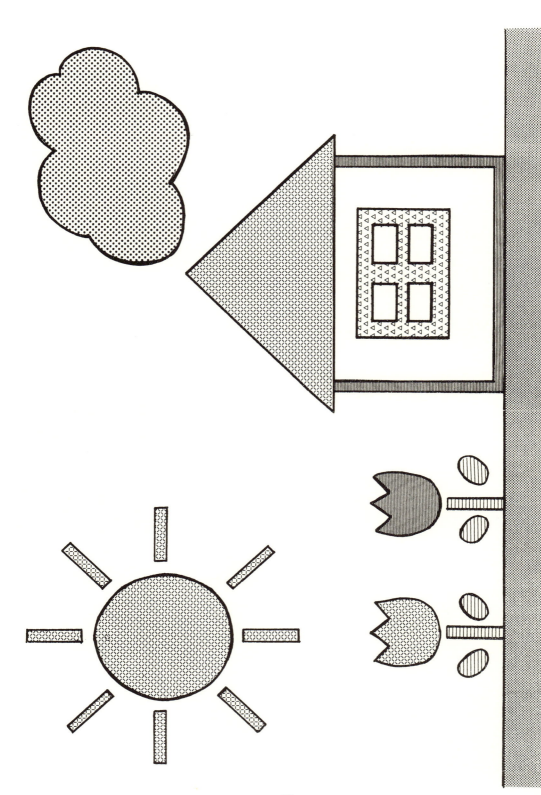

[低学年]

3. お誕生日 おめでとう

[ねらい]
1. グループの活動に慣れる。
2. グループで活動するときに，認めあう大切さに気づく。

[準備するもの]
1. シートA　　数枚（3グループに1枚あて廊下に貼っておく）
2. シートB　　1グループ1枚
3. 解答の絵　　1グループ1枚
4. 赤鉛筆　　　1グループ1本
5. ふりかえりシート　　1人1枚

[時間配分]　45分
1. 準備・説明　　　　5分
2. 実　　施　　　　　20分
3. 結果確認　　　　　3分
4. ふりかえり・まとめ　17分

[すすめかた]
1. 準備・説明
① 4～5人のグループを編成する。
② 〈シートB〉を配り，グループに1本〈赤鉛筆〉を用意させる。〈シートA〉を廊下に貼る。
③ 次のように説明する。
　「今日は，絵の間違いを探してもらいます。廊下に絵が貼ってあります。その絵を見てきて，みんなの持っている絵と違うところにまるをつけましょう。間違いがいくつあるかはないしょです」
　「見に行くときの約束が3つあります。」

約束1　何度見に行ってもかまいません。
約束2　1回に見に行く人は，グループで1人です。
約束3　見に行くときは，なにかを持っていってはいけません。

　時間は20分間です。
※ここで，実施中の安全面に関する諸注意（走らないことなど）があれば，約束に追加する。

質問があったら受ける。

2. 実　　施
　「始めてください」の言葉で，各グループをいっせいに開始させる。（終了3分前になったら知らせる）

3. 結果確認
　終了の合図をし，各グループに〈解答の絵〉を配り，答えを確認させる。間違いの数は，22であることを知らせる。

4. ふりかえり・まとめ
① 〈ふりかえりシート〉を配り，記入させる（5分間）。おしゃべりをしないこと，人のシートを見ないことを指示する。
② グループでふりかえりをする。
　一つの項目ごとに，自分が書いた名前を発表させる。全員発表後，各項目ごとにグループで1名選び，その人に立ってもらう。
　教師は，「今，立っている人は〇〇〇をしてくれた人です」と言い，「ありがとう」「〇〇〇をしてくれてうれしかったね」という気持ちで全員で拍手をおくる。
　特に1名を選ばずに，名前が書かれた人全員に拍手をおくることもある。
　最後は，活動した全員に拍手を送りたい。
③ 子どもたちの感想や，ふりかえりをもとに，まとめをする。

[子どもたちの感想]
・見つけるのに時間がかかってたいへんだった。でも，協力したからできた。
・おもしろい。もう一度やりたい。

[子どもたちの反応]
・楽しんで実施することができ，グループ活動に興味をもつことができた。

[留意点]
・〈シートA，B〉のどちらを各グループに配るかは，学級に応じて考える。
　〈シートA〉を配る（むずかしい）
　〈シートB〉を配る（やさしい）
・正解数の多さを競うよりも，それぞれの子

もが十分に活動できたか,グループで工夫したことは何かを,ふりかえりの視点にしたい。
・ふりかえりで名前があがらなかった子どもがいる場合,教師のほうで気づいたことを認めて知らせてあげるとよい。
・実施前に間違いの数を知らせてもよい。
（数　22）
・安全面に十分に配慮する。

ふりかえりシート　　　　　　　　　　　　　　　　　　　［おたん生日おめでとう］

　年　　月　　日　グループ名　　　　　　　　　　年　　組　　番　名前

　　　　　　　　　今のグループのようすを思い出してみましょう。
1．次のしつもんにあてはまる人はだれですか。グループからひとりえらんで書いてください。自分だと思うときは自分の名前を書きましょう。

	しつもん	名　前
1	みんなの意見をまとめようとしたのはだれですか？	
2	いい考えを出した人はだれですか？ 　・じゅんばんに見てこよう 　・見る場所をきめよう　　など	
3	友だちの考えをほめた人はだれですか？ 　・いい考えだね　・そうしよう	
4	よく絵を見に行った人はだれですか？	
5	絵にしるしをつけた人はだれですか？	

2．「おたん生日おめでとう」をして，よかったことを書きましょう。

3．「おたん生日おめでとう」をして，思ったことを書きましょう。

[低学年]

4．みんな，あつまれ！

　　[ねらい]
1．楽しく活動しながら，力をあわせることの意味，大切さ，むずかしさに気づく。（仕事のないときがつまらない，楽しくないときであることに気づいてしまう）
　　[準備するもの]
1．画用紙（八ツ切り）　　　　　1グループ1枚
2．平仮名表（B4に拡大して使用）
　　　　　　　　　　　　1グループ1冊（5枚）
3．のり　　　　　　　　　　　　1グループ1本
4．はさみ　　　　1グループ（人数－1）本
　　[時間配分]　45分
1．準備・説明　　　　　　　　　　　　5分
2．実　　施　　　　　　　　　　　　25分
3．結果確認　　　　　　　　　　　　　3分
4．まとめ　　　　　　　　　　　　　12分
　　[すすめ方]
1．準備・説明
　① 子どもたちをグループ（4人，いないときは3人でもいい）に分け，机を囲んですわらせる。
　② はさみ3本，のり1本を用意させる。
　③ 画用紙1枚，平仮名表を各グループに配布する。（②の用意ができているか，チェック！）
　④ 「みんな，あつまれ！」の説明をする。
　　　「この画用紙にみんなを集めて欲しいと思います」
　　　「集める方法を説明します。この平仮名の束からグループの友だちの名前を見つけてください。もちろん，自分の名前もです。見つけたら，画用紙に縦でも横でもかまいませんから，貼ってください。4人の名前が集まったら，バンザイ！をしてください」
　　　「先生からお願いが2つあります。1つはけんかをしないこと。もう1つはつまらないと思う人がいないことです」
　　　「わからないことはありませんか」
　　　「時計の針が○までできたら終わりにします」
2．実　　施
　① 「それでは始めましょう」
　② 25分後に終了を知らせる。
3．まとめ
　① 「楽しかった人？」
　　　「つまらなかった人？」
　　　「楽しいときとつまらないときがあった人？」
　② 「どんなときにつまらなかったのでしょう」
　　　「どんなときに楽しかったのでしょう」
　③ 「よかった作戦を教えてください」
　　[子どもたちの感想]
・やることがないとつまらないんだね。
・やることを決めれば早くできるね。
・ちょっとむずかしかったけどできてうれしかった。
・○○さんがそろえて張ってくれたので，きれいにできあがってよかった。
　　[子どもたちの反応]
　道具の数の制限という障害にもめたグループもあったが，うまくできたグループの作戦を聴くことによってどのグループももう一度やりたいという意欲がでてきた。
　　[留意点]
・くりかえしやることをすすめる。再度やるときは，実施の前に1分程度の作戦タイムをつくると，子どもたちは前回のふりかえりを自然な形で行うことができる。
・生活班や，係活動班で実施した場合，早くできたグループには，できあがった作品の余白にグループ名などを記入したり，絵を描いたりして共同作業をさせておくとよい。
・後日これを生活班や係活動班の象徴として，学級掲示に役立てるとよい。

みんな、あつまれ！

じ	ず	ぞ	や	ゆ	よ
ぬ	む	げ	わ	ほ	も
ざ	し	ろ	ぜ	ご	れ
る	き	く	せ	ち	こ
え	お	た	り	づ	か
だ	の	ぐ	ぞ	ね	
な	し	ぐ	す	ふ	よ
さ	こ	ひ	と	ぬ	え
み	に	う	ら	ん	
き	ゆ	び	け	ま	お
ぶ	に	い	な	ほ	ぐ
あ	ほ	は	が	や	

[中学年]

5．カサケン・フィギュアーズ（A）

（〈課題シート〉に描かれた四角形をそれぞれ作ろう編）

［ねらい］
　グループ全員が図形作りをとおして，協力することの意味や大切さ，むずかしさを学ぶ。

［準備するもの］
1．図形カード　　　　　　　　　1人1セット
　　ケント紙に人数分の型紙を切りとり，グループの人数にあわせて袋にいれておく。
2．ふりかえりシート　　　　　　1人1枚
3．課題シート　　　　　　1グループ1セット

［時間配分］　45分
1．準備・説明　　　　　　　　　　　5分
2．実　　施　　　　　　　　　　　20分
3．ふりかえり　　　　　　　　　　15分
4．まとめ　　　　　　　　　　　　　5分

［すすめ方］
1．準備・説明
　① 4～7人を1グループとし，テーブルを囲んですわらせる。
　② 「みんなで協力してなにかやるとき，どんなことに気をつけなければならないか」をグループで話しあって，模造紙に書き，発表させる。（やらなくてもよい）
　③ 約束を説明する。

　　ア．このGWTの目的は，お互いに協力しあって，一人ひとりがそれぞれの〈課題シート〉に描かれた四角形と合同な形を作ることです。
　　イ．作業の始めから終わりまで，いっさい話をしてはいけません。また先生への質問もできません。
　　　（子どもたちがなかなかできないようなら，10分たったら話してもよいことにする。話ができるときと，できないときの違いに気づかせるためでもある）
　　　（成人5人のグループで15分でできる）
　　ウ．友だちの持っている型紙を取ったり，欲しそうな素振りや合図をしてはいけません。
　　エ．自分の方から，友だちの必要とする型紙をあげることはできますが，常に1枚以上の型紙が手元に残っていなければなりません。
　　オ．グループの全員が図形を完成させたら，「バンザイ！」といってください。（このときだけは声を出してけっこうです）

　④ 〈図形カード〉の入った袋を順に回しながら，〈図形カード〉を1枚ずつ取らせる。全部取り終わるのに4回りすることになる。〈図形カード〉を取りおわっても，すぐに組み立てさせない。
　⑤ 各グループごとに観察者をつけるとよい。

2．実　施
　① 教師の合図でいっせいに作業を開始する。
　② 教師および観察者は，約束違反に注意し，また作業の進め方で気のついたことをメモしておく。
　③ できあがったグループから〈ふりかえりシート〉に記入させる。

3．ふりかえり
　① 全グループが終了したら，グループごとの所用時間，できた図形を発表する。
　② グループの動き，メンバー一人ひとりの動きについて，〈ふりかえりシート〉をもとに，グループごとにふりかえりをさせる。このとき，観察者も加わるとよい。
　③ 最初に協力について話し合いをさせたときは，その結果と対照させて反省させる。

4．まとめ
　① 今の体験から協力して仕事をするとき，「心がけること」をまとめさせる。（図解をしてもよい）
　② 教師からコメントをつける。

[中学年]

カサケン・フィギュアーズ（B）

（お互いに合同な四角形を作ろう編）

[ね ら い]
　グループ全員が図形作りをとおして，協力することの意味や大切さ，むずかしさを学ぶ。

[準備するもの]
1. 図形カード　　　　　　　　　1人1セット
　　　ケント紙に人数分の型紙を切りとり，グループの人数にあわせて袋にいれておく。
2. ふりかえりシート　　　　　　　1人1枚

[時間配分]　45分
1. 準備・説明　　　　　　　　　　　5分
2. 実　　施　　　　　　　　　　　20分
3. ふりかえり　　　　　　　　　　15分
4. ま と め　　　　　　　　　　　5分

[すすめ方]
1. 準備・説明
① 　4～7人を1グループとし，テーブルを囲んですわらせる。
② 　「みんなで協力してなにかやるとき，どんなことに気をつけなければならないか」をグループで話しあって，模造紙に書き，発表させる。（やらなくてもよい）
③ 　約束を説明する。

ア．このGWTの目的は，お互いに協力しあって，一人ひとりがお互いに合同な四角形を一つずつ作ることです。
　　（正方形を作る協力ゲームの体験者がいるときは，次の一言をつけくわえてもよい）
　ただし，正方形以外の形にしてください。
イ．作業の始めから終わりまで，いっさい話をしてはいけません。また先生への質問もできません。
　　（子どもたちがなかなかできないようなら，10分たったら話してもよいことにする。話ができるときと，できないときの違いに気づかせるためでもある）
　　（成人5人のグループで5～10分でできる）
ウ．他人の持っている型紙を取ったり，欲しそうな素振りや合図をしてはいけません。
エ．自分の方から，他人の必要とする型紙をあげることはできますが，常に1枚以上の型紙が手元に残っていなければなりません。
オ．グループの全員が図形を完成したら，「バンザイ！」といってください。（このときだけは声を出してけっこうです）

---

④ 　型紙の入った袋を順に回しながら，型紙を1枚ずつ取らせる。全部取り終わるのに4回りすることになる。型紙を取り終わってもすぐに組み立てさせない。
⑤ 　各グループごとに観察者をつけるとよい。

2. 実　　施
　「カサケン・フィギュアーズA」と同じ。

3. ふりかえり
① 　全グループが終了したら，グループごとの所用時間，できた図形を発表する。
　　（型紙を組み合わせると，正方形，長方形，平行四辺形，台形，一般の四角形などができるが，普通は長方形や正方形を作るグループが多い）
② 　グループの動き，メンバー一人ひとりの動きについて，〈ふりかえりシート〉をもとに，グループごとにふりかえりをさせる。このとき，観察者も加わるとよい。
③ 　最初に協力について話し合いをさせたときは，その結果と対照させて反省させる。

4. ま と め
　「カサケン・フィギュアーズA」と同じ。

図形カードの切り方

[カサケン・フィギュアーズ]

　図形カードは，学年にあわせて，次のように切りとるとよい。切り方により，〈課題シート〉の形でできるものとできないものがあることに注意する。
　ケント紙に人数分の図形カードを切りとり，グループの人数にあわせて袋にいれておく。

〈低学年向き〉
　課題シートの1～4ができる。

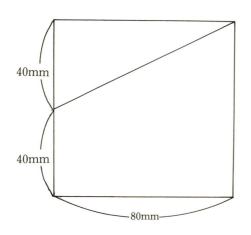

〈中学年向き〉
　課題シートの1～7ができる。

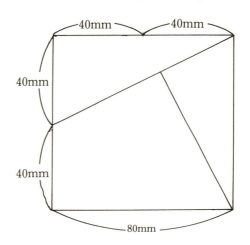

〈高学年向き〉
　課題シートの1～8ができる。

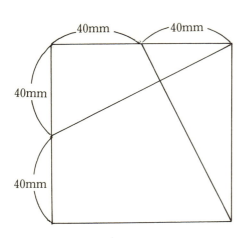

〈中学校向き〉
　課題シートの1～10ができる。

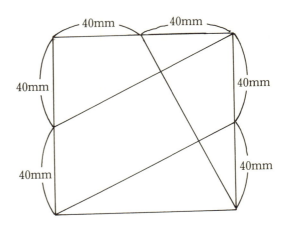

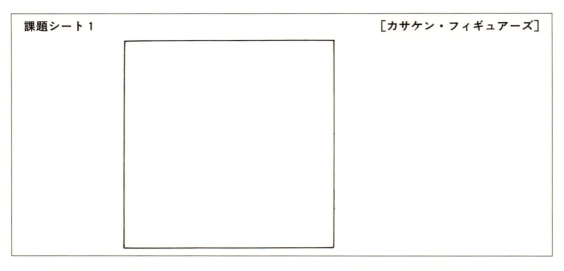
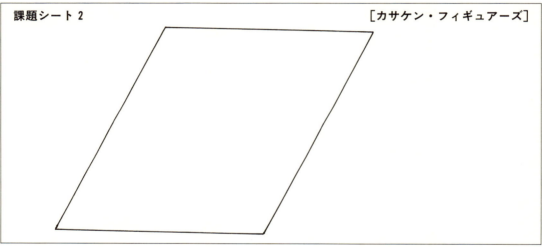
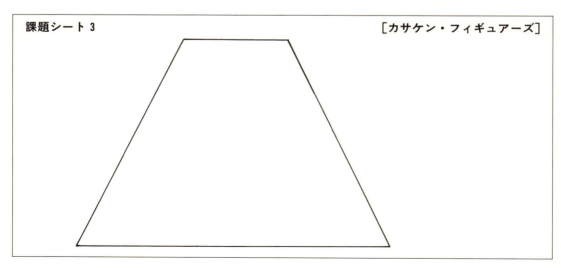

課題シート 4 　　　　　　　　　　　　　　　　　　　　　　　　　　　　　［カサケン・フィギュアーズ］

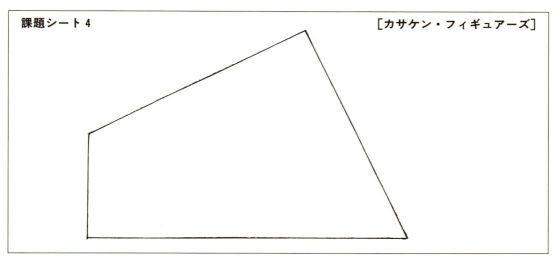

課題シート 5 　　　　　　　　　　　　　　　　　　　　　　　　　　　　　［カサケン・フィギュアーズ］

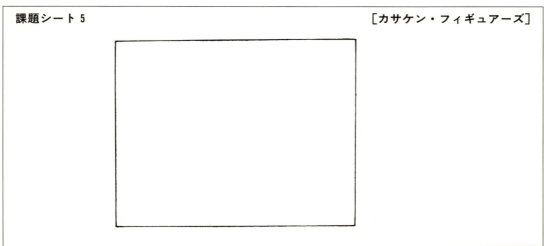

課題シート 6 　　　　　　　　　　　　　　　　　　　　　　　　　　　　　［カサケン・フィギュアーズ］

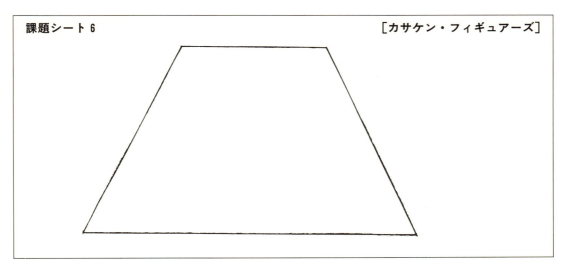

課題シート 7　　　　　　　　　　　　　　　　　　　　　　　　［カサケン・フィギュアーズ］

課題シート 8　　　　　　　　　　　　　　　　　　　　　　　　［カサケン・フィギュアーズ］

課題シート 9　　　　　　　　　　　　　　　　　　　　　　　　［カサケン・フィギュアーズ］

課題シート 10　　　　　　　　　　　　　　　　　　　　　　　　［カサケン・フィギュアーズ］

ふりかえりシート

[カサケン・フィギュアーズ]
小学生向き

　　年　　月　　日　グループ名　　　　　　　年　　組　　番　名前

　　　　　　　今のグループでの活動を思い出して書きましょう。

1．あなたはどの程度，友だちのことを考えながら図形を作りましたか。

　　　　考えながらできた　　4　　3　　2　　1　　考えながらできなかった

2．あなたはどの程度，あなたがやりたいことをやりましたか。

　　　　したいことをした　　4　　3　　2　　1　　したいことはできなかった

3．あなたはどの程度，全員の図形を完成させるためにがんばりましたか。

　　　　たいへんがんばった　　4　　3　　2　　1　　がんばらなかった

4．グループ全体の雰囲気はどういう感じがしましたか。

　　　　明るい　　4　　3　　2　　1　　暗い

5．グループがどのようであれば，もっと早く図形を完成することができたと思いますか。

6．この GWT で気づいたこと，思ったことを書いてください。

ふりかえりシート

[カサケン・フィギュアーズ]
中学生向き

＿＿年＿＿月＿＿日 グループ名＿＿＿＿＿＿＿＿ ＿＿年＿＿組＿＿番 名前＿＿＿＿＿＿＿＿

今のグループでの活動を思い出して書いてみましょう。

1．あなたはどの程度，他のメンバーに気を配れましたか。

   気を配れた   4   3   2   1   気を配れなかった

2．あなたはどの程度，あなたがやりたいことをやりましたか。

   したいことをした   4   3   2   1   したいことはできなかった

3．あなたはどの程度，全員が図形を完成することに役立ちましたか。

   役立った   4   3   2   1   役立たなかった

4．グループ全体の雰囲気はどういう感じがしましたか。

   明るい   4   3   2   1   暗い

5．グループがどのようであれば，もっと早く図形を完成することができたと思いますか。

6．このGWTで気づいたことを書いてください。

 1) 私は「自分が＿＿＿＿＿＿＿＿＿＿＿＿＿＿＿＿＿＿である」ことを学びました。

 2) 私は「自分が＿＿＿＿＿＿＿＿＿＿＿＿＿＿＿＿＿＿である」と気づきました。

 3) 私は「自分が＿＿＿＿＿＿＿＿＿＿＿＿＿＿＿＿＿＿である」と感じました。

 4) 私は「自分が＿＿＿＿＿＿＿＿＿＿＿＿＿＿＿＿＿＿である」ことに驚きました。

 5) 私は，＿＿＿＿＿＿＿＿＿＿＿＿＿＿＿＿＿＿＿＿＿＿うれしくなりました。

 6) 私は，＿＿＿＿＿＿＿＿＿＿＿＿＿＿＿＿＿＿＿＿＿＿を楽しみました。

 7) 私は＿＿＿さんが＿＿＿＿＿＿＿＿＿＿＿＿＿＿＿＿＿と知りました。

 8) 私は＿＿＿さんが＿＿＿＿＿＿＿＿＿＿＿＿＿＿＿＿＿と気づきました。

 9) 私はこのゲームをして＿＿＿＿＿＿＿＿＿＿＿＿＿＿＿と感じました。

[高学年]

6．飛ばせ！ 紙飛行機

[ねらい]
　チームの目的達成のためにメンバーが計画を立て，その計画どおりに作業することで，計画を立てることの意味や大切さ，むずかしさを体験をとおして学ぶ。

[準備するもの]
1．指示書・仕事分担表　　　1グループ1枚
2．型紙（張りのある画用紙・ケント紙）
　　　　　　　　　　　　　1グループ20枚
3．はさみ　　　　　　　　　1グループ2本
4．スティックのり（またはセメダイン）
　　　　　　　　　　　　　1グループ1本
5．マーカー（または色鉛筆）1グループ2色
6．クリップ　　　　　　1グループ40個位
7．メモ用紙（のりの台紙）　1グループ2枚
8．筆記用具　　　　　　　　　　各自用意
9．見本の飛行機　　　　　　全体に1～2機
10．巻き尺（5mの距離が測れるもの）　1本
11．色ビニールテープ　　　　　　　　1個
12．合格のスタンプ　　　　　　　　　1個
13．ごみ袋（大）　　　　　　　　　1～2枚
14．ふりかえりシート　　　　　　　1人1枚

[時間配分]　70分
1．準備・説明　　　　　　　　　　　5分
2．計　　画　　　　　　　　　　　15分
3．説　　明　　　　　　　　　　　　5分
4．製　　作　　　　　　　　　　　20分
5．結果発表　　　　　　　　　　　　5分
6．ふりかえり　　　　　　　　　　15分
7．まとめ　　　　　　　　　　　　　5分

[すすめ方]
1．準備・説明
　① グループ（4～5人）に分ける。
　② 〈指示書〉を配り，読みあげる。
2．計　画
　① 仕事分担を決めさせる。
3．説　明
　① 道具を配り，課題を確認する。
　　・たくさん作る

　　・20分で仕上げる
　　・仕事分担を守る
　　・学校のマーク※
　　・5m飛ぶ　　※　（※見本を見せる）
　　・合格の印　　※
　　「それでは作業を始めてください」
4．製　　作
5．結果発表
　① 各グループの紙飛行機の数やできばえを見る。
6．ふりかえり
　① 〈ふりかえりシート〉を配り，話しあわずに記入させる。
　② 各グループで，項目ごとに自分が書いたことを発表する。
　③ 各グループのよい発表を全体の場で発表してもらう。
7．まとめ
　① ねらいに即してまとめる。

まとめの例
計画の立て方について
・どんな仕事があるかを確かめるとよい。
・どのくらい時間がかかるか予想するとよい。
・仕事の順序を考えるとよい。
・仕事分担を公平に決めるとよい。
計画のよさについて
・計画どおりにやると混乱しない。
・計画があると，次になにをやればよいかわかる。
計画の難しさについて
・思ったより時間がかかる。
・考えていなかった仕事があった。
・計画どおりいかない。　　　　　など

[子どもたちの感想]
・仕事分担をしっかり決めてないとうまくいかないことがわかった。

- 飛んだとき，うれしかった。
- みんなが協力しないとうまくいかないことがわかった。

　　　　　[子どもたちの反応]
- 仕事によって楽しいものと楽しくないものとがある。そこで，メンバーが楽しさを求めようとすると，もめることになる。
- 飛行機の完成こそが全員の目標だということを最初にしっかり抑えていたグループが，自分勝手な行動をせずに成果を高めるようである。
- 仕事分担では，仕事がかかる時間や順序などの予測が計画を左右する。

　　　　　[留 意 点]
- 2回に分けてやるなら，2．計画までで終わる。続けるなら，ここで休憩を5～10分はさむ。
- 飛行機を作る紙は，張りのあるものがよい。ケント紙なら申し分ないが，画用紙なら『YAMATO PAPER CO. LTD128（270×381）』などがおすすめである。
- 型紙は，印刷機よりもコピーの方がきれいにできる。
- 片づけもみんなで協力してやらせる。

教室の使い方の例

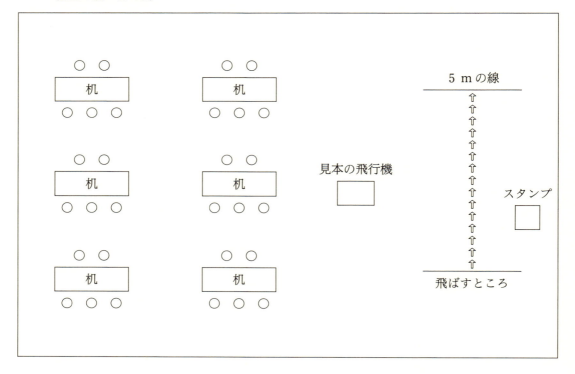

[飛ばせ！　紙飛行機]

グループへの指示書

　みなさんは，コバヒゲ飛行機工場で飛行機を作るグループです。
　まずはじめに，グループの中で仕事分担をして表に書いてください。どんな仕事があるかは，下の「飛行機の作り方」を参考にしてください。（一人の仕事が一つとは限りません）道具は，配られたものだけを使います。話しあう時間は，15分間です。

飛行機の作り方

・時間内にできるだけたくさんの飛行機を作ってください。製作時間は20分間です。
・道具は各グループに，はさみ２本，のり１本，マーカー，クリップです。
・飛行機は型紙から切りはなし，のりづけして組み立てます。
・つばさの上面には，マーカーで自分の学校のマークを書いてください。
・組み立ての順序やのりづけの位置はグループで話しあって決めてください。
・飛行機は５ｍ以上飛ばないと不良品となり，作り直さなければなりません。５ｍ飛んだものには，合格の印をつけます。
・はじめに決めた「仕事分担」は，できるだけ守ってください。

[飛ばせ！　紙飛行機]

仕事分担表　話し合い用

名　前	0	5	10	15	20分
例　小林さん	はさみ		おる	のり	

仕事分担表　清書用

名　前	0	5	10	15	20分

〔飛ばせ！ 紙飛行機〕

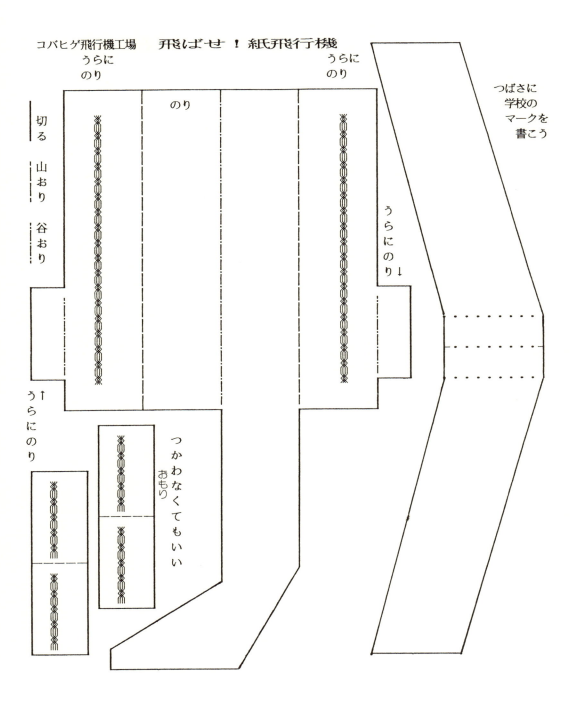

ふりかえりシート　　　　　　　　　　　　　　　　　　［飛ばせ！　紙飛行機］

　　　　年　　月　　日　グループ名　　　　　　　　　年　　組　　番　名前

　　　　　　　　　今のグループでの活動を思い出して書きましょう。

1．計画どおりにできましたか。

　　　　　　　　　　　で　き　た　　・　　できなかった

2．計画を立てるときには，どうしたらうまくいきますか？

3．計画を立てると，どんなよいことがありますか？

4．このほかに思ったことを書いてください。

聴き方を学ぶGWT財

聴き方を学ぶGWTとは

先生は子どもたちに，話を聴くことの大切さをしっかり教えているか？

　私たちは，よく学校で子どもたちに「人の話を聴こう」「先生や友だちの話をきちんと聴きましょう」などと言っている。

　どこの学校でも，人の話を聴くことのできない子どもは多い。発達段階からいっても，まだ自分中心の考え方しかできない子どももいるだろう。

　よく，話を聴かない子どもを注意したり，叱ったり，諭したりする場面をみかけるが，話を聴くということの大切さを教えるのであるならば口で言うよりも，子ども自身が体験して聴くことの大切さに気づいたほうがよい。

　しかし，先生が聴くことの大切さを教える方法を知らないために教えていないということはないだろうか？

　「聴き方を学ぶGWT財」はこのために作られた財なのである。

聴くことの大切さに気づいた子どもは，どう変わっていくか。

　聴くということは，人と人とのコミュニケーションの第一歩である。聴くことによってその人を理解できるのである。また，聴くということは，状況把握の重要手段でもある。聴くことによって今まで以上に判断力が増すことにもなる。

　聴くことの大切さに気づいた子どもは，それ以後のグループ活動での態度が少しずつ変わっていく。今まで以上に相手や周囲の状況を深く理解できるようになる。そして，このことに気づいた子どもがクラスの中に多ければ多いほど，そのクラスは互いに理解しあい，協力するようになっていく。

聴くことのむずかしさにも気づく。

　子どもたちは自分の言うことに夢中で，なかなか人の話は聴けない。また，話し手への先入観や好き嫌いによって聴き方が変わってきたり，人の話を自分なりの枠組の中で判断しながら聴いて，話し手が伝えようとすることとは違うように受けとってしまうこともある。学校でも，聴き違いから誤解やけんかが起こることもよくあるようだ。

　このことをGWTのふりかえりで気づく子は多い。気づいた子は，今まで以上によく聴こうとするだろうし，逆に話す立場になったときにも今までよりわかりやすく話そうと工夫するだろう。

いい聴き方のポイント。

- うなずく
- 返事する
- 同意する
- 質問する

- 確認する
- 相手の目を見る
- 体を相手に向ける
- 関連づけて聴く

- 先入観をもたない
- 最後まで聴く
- 相手の立場にたって聴く

こんなときに	GWT財	内　　容	気　づ　き
話を聴くということの大切さに気づかせたいとき。	なにができるの [上級]	2人組になり，送り手の指示どおりに聴き手がパズルを組み立てていく。	・返事やうなずき，質問をしながら聴くといい。

1. 何ができるの？

[上級]

[ねらい]

伝える側の「正しく伝えたはず」という思い込みが，実は伝えられていない。その体験から言葉だけで伝えることのむずかしさを知らせる。

[準備するもの]
1. 伝える人への指示書　　　（人数÷2）枚
2. 受ける人への指示書　　　（人数÷2）枚
3. パズル（数種類）　　　（人数÷2）セット
4. 完成図（パズルカードにあわせて）
5. ふりかえりシート　　　　　　1人1枚
6. 筆記用具　　　　　　　　　各自用意

[時間配分]　45分
1. 準備・説明　　　　　　　　　　5分
2. 実　施　　　　　　　　　　　30分
3. ふりかえり　　　　　　　　　　5分
4. まとめ　　　　　　　　　　　　5分

[すすめ方]
1. 準備・説明
   ① 広い教室に2人組ずつで，前を向いてすわる。「伝える人」と「受ける人」を決め，下の図のようにすわらせる。

```
            ○先生
   □　□　□　□　　　□机
   △　△　△　△　　　△受ける人
   ▲　▲　▲　▲　　　▲伝える人

   □　□　□　□
   △　△　△　△
   ▲　▲　▲　▲
```

　　机がなければ，体育館の床など広い所でもできる。

   ② 2人にそれぞれ〈指示書〉を配り，役割と約束を教える。「伝える人」には〈完成図〉を，「受ける人」には〈パズル〉を渡す。
2. 実　施
   ① 伝達を始めてもらう。
   ② 10分ほど様子を見て，うまくいかない場合には会話を許してもよいが，伝える側に〈パズル〉を見せない。

   ③ 「伝える人」が完成したと思ったら，2人で声を揃えてバンザイをする。
3. ふりかえり
   ① 〈ふりかえりシート〉を配り記入させる。
   ② 全員が記入しおえたら，発表しあい，そこから学んだことなどを話しあわせる。
4. まとめ
   ① ふだん私たちが人と話すときに，どんなことに気をつけたらよいかを，発言をもとにまとめる。

> まとめの例
> ・人の話を黙って聞いていないで，返事やうなずき，質問をしたほうがいい。
> ・わからないときは，「わからない」とはっきり言ったほうがいい。

[留意点]
・クラスで実施すると10数組が同時に行うことになるので，パズルを数種類用意し，隣・前後と違うパズルをやらせるとよい。
・パズルの準備はたいへんだが，ケント紙でつくると丈夫で，何度も使える。
・「伝える人」の言うとおりに組み立てていくという約束だが，守れない子がいるので注意してまわる。

[何ができるの？]

伝える人への指示書

1．相手の人は，バラバラにしたパズルを持っています。
　　あなたは，図のような形ができるように相手の人に指示をしてください。
2．ただし，できあがりの形を言葉で言ってはいけません。
　　「T」だったら……「ティー型」などと言ってはだめ。
3．指示は，言葉だけで，ジェスチャーはつかえません。
4．あなたは，相手のしていることを見てはいけません。
5．あなたが何を聞いても，相手の人は「はい」か「いいえ」しか答えられないことになっています。
6．相手の人からは，質問ができないことになっています。
7．相手の人が完成したと思ったら，2人で「バンザイ」と叫んで終わってください。

[何ができるの？]

受ける人への指示書

1．あなたは，相手の人の言うとおりにパズルを組みあわせていき，何かの形を作ってください。
2．あなたの考えで，勝手に組み立てないでください。
3．相手が指示を始めたら，質問はできません。
4．相手の人の手元にある図を，のぞき見してはいけません。
5．相手の人から何か言われたら，「はい」か「いいえ」のどちらかで答えてください。
6．完成したら，2人で「バンザイ」と叫んで終わってください。

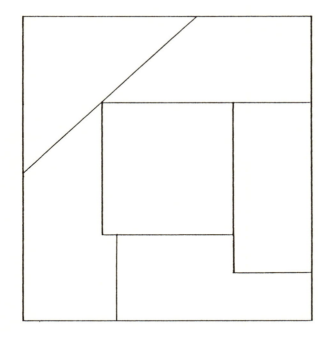

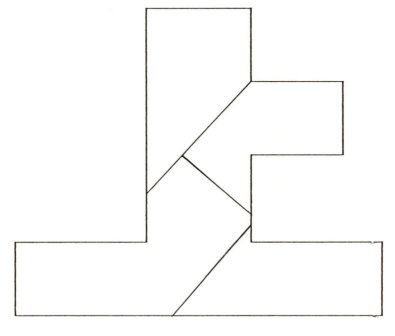

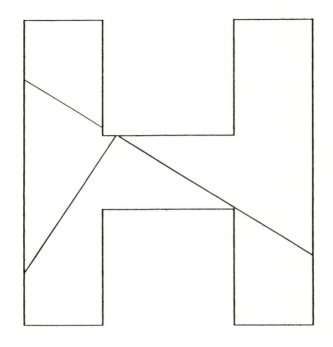

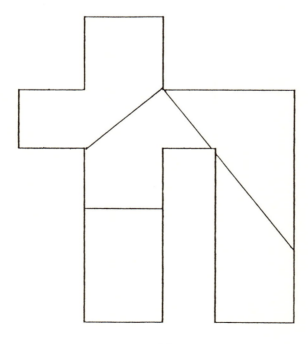

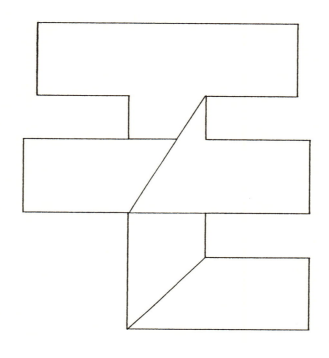

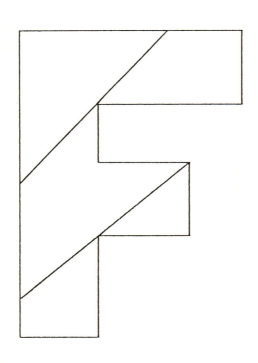

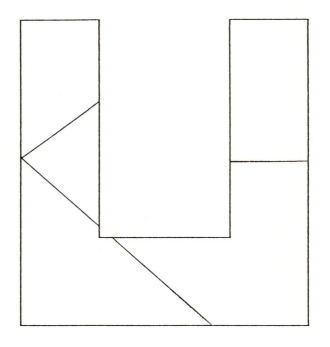
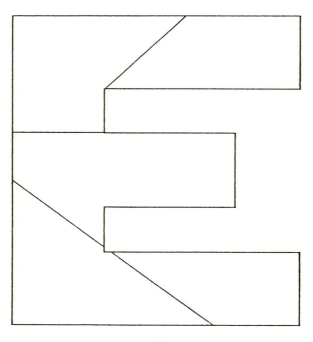

ふりかえりシート　　　　　　　　　　　　　　　　　　　　［何ができるの？］

　　　　年　　月　　日　　年　　組　グループ名　　　　　　　名前

今の活動を思い出して書いてみましょう。

1．あなたが「伝える人」だったら，どんなことに気をつけて伝えますか？

2．あなたが「受ける人」だったら，どんなことに気をつけて聞きますか？

3．あなたは，これから人と話をするとき，どんなことに気をつけて聞こうと思いますか？

「服は何色？」

「人間カラーコピー」

「みんな，あつまれ」

コンセンサスのよさを学ぶ GWT財

コンセンサスのよさを学ぶGWTとは

　「さあ，相談しましょう」といって話し合いをしたとき，あなたはこんな思いをしたことがありませんか。

a．多数決型　　いろいろな意見が出されたのに，「人数が多いからこれにしましょう」と言われて，少数の人の意見がまったく反映されないで多数決で決定してしまい，ムッとした。

b．強引型　　なごやかに話し合いが進められていたのに，あるときから一人の強い意見やパワーに押され，いつのまにか物事が強引に決定されてしまった。

c．放任型　　問題がむずかしくてうまく話し合いが進まず，時間ばかりかかってしまい（自分も含めて），みんなが「もうどうでもいいよ，早くさっさと決めてほしい」とあきらめてしまった。

d．独善型　　話し合いが始まるやいなや，自分はよくわからないけれど，（慣例など）暗黙の内に決定している事項に，他の人が賛成して決まってしまった。

e．非主張型　　話し合いが進められているとき，話の筋や内容がよくわからなくなってきたが，自分から質問などをしないで無言でいて，他の人の意見に任せてしまった。

f．流出型　　話し合いの内容が，自分にとって利害関係がないことや，興味がないことなので，話し合いに参加しなかったり，ちゃかしたりしてしまった。

g．曖昧型　　話しあって納得して決めたんだけど，それに従って行動しているうちに，言ったことの違いがだんだんはっきりしてきて，「こんなはずじゃなかった」と思った。

　このようなことは，私たちが話し合いの仕方を知らなかったり，話し合いの決定の仕方が乏しかったり（多数決で決めたり，1人の人の意見で決めたり）したことによって起こることなのです。
　互いに根本的なところから意見を出しあい，相手の意見や自分の意見と相違点を認めたうえで，互いが互いを説得しあっていきながら，合意点を見つけていくことが，必要なのではないでしょうか。そして，このように話しあえば，のちのち問題が残らずに，互いに気持ちよく目的に向かって進んでいけるのだと思います。
　これがコンセンス（合意）によるグループ決定なのです。
　では，このようなコンセンサスによる集団決定は，どのような過程を踏まえて行われるのでしょうか。次の6つの段階があると考えられます。

第1段階　「自分はこうしたい」と明確な主張をもつ。
　　まず，「自分はこうしたい」と明確な主張をもつことが大切です。赤なのか黒なのか，迷っているのなら，こういう場合なら赤であり，このようなときは黒だと言えることが大切です。

第2段階　自分の意見を整理し，それをみんなにわかりやすく話す。
　　「自分はこうだ」と決めたのなら，では，なんで自分はそう思うのかをはっきりさせることが大切です。そして，それを黙っているのではなく，周りのメンバーにわかりやすく話すのです。そうすることが自分が周りに受け入れられる第1歩なの

です。よく自分のことは察してもらおうと思っている人がいますが，虫がよすぎます。人間は言葉によってはじめて何を考えているのかわかるのです。

第3段階　他人の意見を真剣に聞き，相手の立場を理解する。

相手の意見をそのとおりに聞くことが大切です。自分の都合のいいように聞いたり，わざと変なふうに聞いたりしてはいけません。ある言葉を，この人はどういうこととして，つかっているのかを聞きます。また意見だけでなく，相手がそういう意見を言う理由も聞くことで，相手の立場を理解しようとします。

また，相手がうまく自分の意見を言えないでいるときは，言葉を繰り返したり，質問をしたりすることで，相手が意見を言いやすくなるようにすることも必要です。

第4段階　互いの意見の一致点や相違点を明確にする。

「何が違うのか」「何は同じなのか」を具体的に話しあっていきます。具体的に話しあうことで譲りあえる部分も見えてくるものです。

第5段階　互いに説得しあい，考えを練りあげる。

説得とは，意見を押しつけたり，決めつけたりして，相手を言い負かしてしまうことではありません。説明して，納得して賛成してもらうのとです。けっしてめんどうになって妥協することでもありません。

違う意見がぶつかりあうことで，互いの意見のよさを合わせることもでてきます。1＋1＝2以上になるのです。

第6段階　立脚点を移動し，決定する。

説明して納得するには，互いに自分の立場，立脚点を移動することが大切です。そうすることで，互いに納得する意見で決定できるのです。

以上のように話し合いをすれば，きっと誰もが納得のいく決定ができるだろうと考えられます。しかし，その話し合いをよりスムーズに，より気持ちよく行うために，グループの一人ひとりがそれぞれある役割をはたすことが必要になってきます。その役割を「機能的リーダーシップ」といいます。

こんな財を用意しました

こんなときに	ＧＷＴ財	内　容	気　づ　き
◎一部の強い意見で物事が決まることが多いとき，また，そのことに無関心なこどもが多いとき。 ◎話し合いの仕方を学ばせたいとき。	**ケーキをかざろう！** ［中学年］	決められた金額内で自由にケーキの飾りつけを個人で決め，さらにグループで最終決定をします。	・自分の考えをはっきり言い，友だちの意見も聴くのはむずかしいな。 ・何人かの友だちの違った考えを，一つにまとめることはむずかしいな。
	ユッタンランド探検記 ［中学年］	ある島の探検コースをたくさん得点できるように，グループのメンバーみんなで決める。	

[中学年]

1．ケーキをかざろう！

[ねらい]
1．自分の考えを発表することができる。
2．メンバーの話をしっかり聴くことができる。

[準備するもの]
1．課題シート（メンバー用）　　　1人1枚
2．課題シート（グループ用）　1グループ1枚
3．ケーキの絵　　　　　　　　1グループ1枚
4．鉛筆・色鉛筆　　　　　　　　1人1セット
5．ふりかえりシート　　　　　　　1人1枚

[時間配分]　45分
1．準　備　　　　　　　　　　　　　　2分
2．実施（メンバー決定）　　　　　　　5分
3．実施（グループ決定）　　　　　　20分
4．発　表　　　　　　　　　　　　　　8分
5．ふりかえり　　　　　　　　　　　　8分
6．まとめ　　　　　　　　　　　　　　2分

[すすめ方]
1．準　備
　①　4～5人を1グループとし、テーブルを囲んですわらせる。
2．実施（メンバー決定）
　①　〈課題シート（メンバー用）〉を配り、課題を読みあげる。
　　例「ここにケーキがあります。5月のお誕生日の人をお祝いするケーキです。ところがこのケーキには、まだなんの飾りもついていません。そこで、今日はみんなにこのケーキを飾ってもらいたいと思います。みんなでお祝いするので、全員で決めて、おいしそうなケーキにしましょう」
　②　次の注意事項を読みあげる。
　　「まず、自分一人でやりましょう。他の人のを見たり、話しあったりしてはいけません。自分で考える時間は5分間です。では、始めてください」
　③　ケーキの飾りを全員が、決定しおわったことを確認する。
3．実施（グループ決定）
　①　〈課題シート（グループ用）〉を配り、グループ決定のやり方を読みあげ、確認する。
　②　シートにグループ全員の名前と選んだものに○を書かせてから、終了時間を告げ、開始する。
　③　早く終わったグループには、画用紙を渡し、選んだ材料でケーキに飾りを描かせる。また、時間がきたら途中であっても終わりにさせる。
4．発　表
　①　早くできたグループから、1分間を目安に発表させる。
　　例「これから、グループごとにどのようなケーキになったのかを発表してもらいます。このケーキはここがいいというところを、いっしょに発表してください」
　②　聞いている子どもたちには、聞き方も告げる。
　　例「他のグループのいいところや、自分たちのケーキと違うところをよく聞いてくださいね」
5．ふりかえり
　①　〈ふりかえりシート〉を配り記入させる。
6．まとめ
　①　[ねらい]に即してまとめる。

[留意点]
・集団決定のとき、みんなが納得しないまま、決定してしまうグループがある。納得できていない子どもには、教師が「どうしたの？」などと声をかけ、周りの子どもたちに、自分の考えをよりわかりやすく伝えるように、アドバイスするとよい。また、逆にグループの子どもたちには、話をきちんと聴いて、全員が納得いく話し合いになるようにアドバイスする。
・グループのケーキの絵は、時間がたりなければ描かせなくてもよい。

［課題シート（メンバー用）］　　　　　　　　　　　　　　　　　　　　　　［ケーキをかざろう！］

ケーキのかざりを考えよう（自分一人でね！）

　　　　　　　　　　年　月　日　　　年　組　番　名前

ケーキのかざりを決めましょう。下の中からえらびます。絵に○をつけてください。全部で1000円までです。

早く終わった人は，下にかざりをつけたケーキの絵をかいておきましょう。

［課題シート（グループ用）］　　　　　　　　　　　　　　［ケーキをかざろう！］

ケーキのかざりを考えよう（グループみんなでね！）

年　　月　　日（　）グループ名　　　　　年　　組　　番　名前

ケーキのかざりを決めましょう。グループみんなで決めましょう。
1. グループの友だちの名前を書き，えらんだものに○をつけましょう。
2. 多数決ではなく，話し合いで決めましょう。
3. 1000円以内のものをえらんで，ケーキにかざりつけをしてください。
4. 時間は20分間です。時間になったら，自分たちのケーキを発表してもらいます。
（工夫したところをおしえてね）

かざり ＼ 名前						グループ決定
ろうそく　　100円						
いちご　　　500円						
バナナ　　　 50円						
パイナップル 200円						
さくらんぼ　 200円						
メロン　　　400円						
生クリーム　300円						
チョコクリーム 300円						
ふりかけチョコ 150円						
板チョコ　　100円						
さとうの人形 100円						
さとうの家　200円						

ふりかえりシート　　　　　　　　　　　　　　　　　　［ケーキをかざろう！］

年　　月　　日（　）グループ名　　　　　　　年　　組　　番　名前

　　　　　グループの話し合いが始まってから終わるまでの，自分の様子を思い出してみましょう。

1．あなたは，自分の考えを，はっきりとみんなに発表できましたか。（○をつける）

　　（　）はい

　　（　）いいえ

　　理由

2．あなたは，みんなの考えをしっかり聴けましたか。（○をつける）

　　（　）はい

　　（　）いいえ

　　理由

3．みんなは，自分の考えを聴いてくれましたか。（○をつける）

　　（　）はい

　　（　）いいえ

　　理由

4．「ケーキをかざろう！」をして思ったことを書きましょう。

[中学年]

2．ユッタンランド探検記

[ねらい]
　話し合いの仕方を学ぶ。
　　[準備するもの]
1．筆記用具　　　　　　　　　各自用意
2．赤鉛筆　　　　　　　　　1グループ1本
3．課題シート　　　　　　　1グループ1枚
4．指示書　　　　　　　　　1グループ1枚
5．ふりかえりシート　　　　　1人1枚
　　[時間配分]　45分
1．準備・説明　　　　　　　　3分
2．実　施　　　　　　　　　15分
3．結果発表　　　　　　　　15分
4．ふりかえり　　　　　　　　7分
5．まとめ　　　　　　　　　　5分
　　[すすめ方]
1．準備・説明
　①　グループ（5～6人）になって，すわらせる。
　②　〈課題シート〉と〈指示書〉を各グループに配る。
　③　〈指示書〉を読みあげ，質問を受ける。
2．実　施
　①　5分，10分の経過を知らせる。
3．結果発表
　①　かくし得点を発表する。
　　　　ドーナツの森　　　　　1点
　　　　おかしの家　　　　　　5点
　　　　広場　　　　　　　　　5点
　　　　牧場　　　　　　　　10点
　　　　どうくつ　　　　　　10点
　　　　ゆうれいの館　　　　25点
　②　得点を計算する。
　③　結果発表をする。
　　　グループで作ったコース図，そのコースを選んだ理由，得点を発表する。
5．ふりかえり
　〈ふりかえりシート〉を配り，記入させる。
6．まとめ
　①　[ねらい]にそってまとめる。

まとめの例
・友だちの話をよく聴いたり，自分の考えを言ったりすることができましたか。そんな話し合いのなかでコースを，みんながいいよといってから決められるといいですね。

　　[子どもたちの感想]
・コースを決めるとき何点取れるかドキドキした。
・本当に冒険しているみたいだった。
・みんなの話が聴けた。
　　[留意点]
・点数にこだわるクラスでは，点数を物にかえてもよい。
・最高得点　46点
　スタート――滝――ジャングルジム――お城――ゆうれいの館――お城――おかしの家――ゴール　（90分）

— 92 —

[ユッタンランド探検記]

指 示 書

　　さあ，みんなで探検に行きましょう。
　　時間内にたくさんの得点をとってスタート地点までもどってきます。
　　すべてのポイントを通る必要はありません。ただし，この島に来た人は必ずお城に行って王さまに会わなければなりません。

〈やり方〉

　　スタートから○のポイント，そしてお城を通ってスタートへもどって来るコースをみんなで話しあってください。
　　決めたコースを最後に赤エンピツで書きます。

〈やくそく〉

1．コースの決め方は，多数決ではなくみんなの同意で決めましょう。
2．コースを決める時間は15分間です。
3．スタートしてから1時間30分後にはこの国をでなくてはなりません。
4．お城で，王様に会うのに10分かかります。
5．○に書かれている数字は得点です。
6．○の得点は一度通ったら，次からは得点にはなりません。
7．コースを時間内に決められない場合は0点になります。
8．○に数字が書かれていないところはかくし得点で，1・5・10・25点のどれかがかくされています。

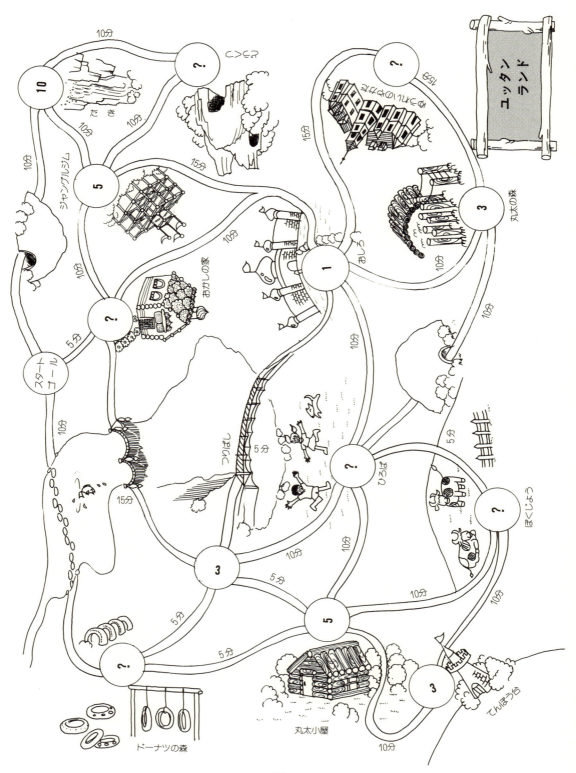

ふりかえりシート　　　　　　　　　　　　［ユッタンランド探検記］

　　　　年　　月　　日　グループ名　　　　　　　年　　組　名前

いまグループでの話し合いをふりかえって，あてはまるところに〇をつけましょう。

1．グループの中で，あなたはすすんで考えをいえましたか。

　　　　　　①よくできた　　②できた　　③あまりできなかった　　④できなかった

2．友だちの考えを，すすんで聞こうとしましたか。

　　　　　　①よくできた　　②できた　　③あまりできなかった　　④できなかった

3．あなたは自分の考えだけをおしつけようとせず，友だちの考えも受け入れることができましたか。

　　　　　　①よくできた　　②できた　　③あまりできなかった　　④できなかった

4．みんなで話しあうときに，どんなことに気をつけたらよいと思いますか。

5．「ユッタンランド探検記」をやって，思ったことを書いてください。

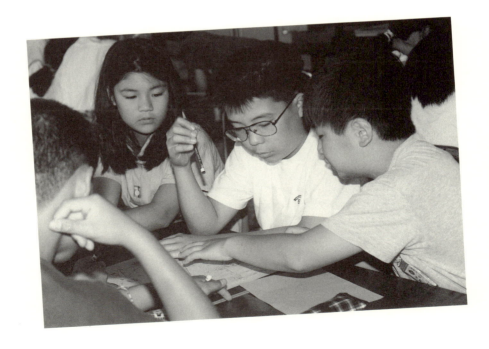

友だちから見た自分を知るGWT財

友だちから見た自分を知る GWT とは

　「よく言えば大胆，悪く言えば大雑把」というように，人の性格には長短両面があります。しかし，子どもは友だちを批判的にみて，レッテルを貼るのが上手です。一度貼られたレッテルは，なかなか取れず，友だち関係がしっくりといかないことがあります。また，自己中心的で，自分がいちばん偉いと思い，友だちの言うことを聞きいれない子が存在するときもあります。そうすると，グループ活動もうまくいきそうにありません。
　このようなことは，教師が学級経営で頭を悩ませる問題の一つではないでしょうか。
　高学年になると，友だちの良いところをみいだすだけでなく，自分自身を評価し，目標に向かって行動していくという能力が必要とされてきます。この時期に，子どもたちをどのように指導したらよいでしょうか。
　この章に紹介した GWT 財を行うことにより，以上に述べた子どもたちの自己成長，さらに，クラス全体としての成長のきっかけになるとよいと思われます。

この GWT 財を行うことにより期待できること

1．友だちを一人の人として認める
　ふだん，一人ひとりの友だちのことをじっくり考える機会は，なかなかないものです。友だちのよいところを考えさせることによって，いつもと違う視点から友だちをみつめ直すので，自分と同じように大切な存在であることに気づくことができます。

2．誰にでも，必ずよいところがある
　GWT 財を行うことによって，ふだんとは違う視点で友だちを見つめ直すことになります。今で気づかなかった友だちの新しい面を発見することができます。

3．友だち関係が深まる
　この GWT をとおして，相手の短所を許して，良いところを認められるようになります。そして，それは友だちと仲良くしていこうとする態度につながっていきます。

4．クラスの雰囲気が変わる
　人からほめてもらって，よい気分になると同時に，友だちとほめあい，認めあうことができます。そうすると，自然にさわやかであたたかい雰囲気がクラスに生まれます。

5．自己成長のきっかけになる
　友だちから見た自分を知ったり，具体的な自分の目標を考えることにより，自分を変えていこうとするきっかけになります。それが徐々に，日常生活での思考や行動に反映されていくことでしょう。

こんなアドバイスを
　子どもたちの中には，文章表現が十分でなく友だちの良いところを書くことができない子，ふだん友だちとあまりかかわっていないために，良いところを見つけら

れなかったり，イメージをつかめない子がいます。こんな子には，具体的なエピソードを思い出させたり，こんなときに，その子がどんなことをすると思うかを考えさせたりするとスムーズにいきます。

　また，本人は，友だちの良いところを書いたつもりでも，書かれた子に，そう受け取ってもらえないこともあります。相手のことを書く場面で，文章表現が十分でないと考えられる子や書き進まずに考えてしまっている子には，なにげなくそばに行って，ほんのちょっとした書き方の助言をするとよいでしょう。

　友だちにほめられて，「よさとして出されたことが信じられない」「言われたことが腑におちない」という子がいることがあります。そんな子には，その子のこんなところが友だちには，こう受け取られるのだということを具体的に説明してあげるとよいでしょう。

こんなときに	ＧＷＴ財	内　　容	気 づ き
◎子ども同士がある程度，友だちのことについて知っているとき。	あなたにプレゼント ［小学校低学年（中学年）］	○カードに描かれた絵から友だちにプレゼントしたいものを決め，色を塗って，渡す。 （中学年は，なぜ選んだかも発表する）	・自分が友だちからこんなふうに思われているんだなあと思った。
◎クラスの中に自己中心的な子や，仲間はずれの子がいるとき。	いいとこみーつけた ［小学校低学年］	○友だちの良いところをプリントに書かれている言葉から選んで書く。	・どんな子にも必ず良いところがあるんだなあと思った。 ・友だちに，こんなふうに思われているんだなあ。
◎学年初めなど，個人目標を考えさせたいとき。	私はこうなりたい ［小学校高学年］	○一年後になりたい自分の姿を考え，勉強に関する目標と勉強以外に関する目標を具体的に書く。	・自分の目標がはっきりとわかった。 ・何を頑張ればいいかよくわかった。

低学年（中・高学年）

1．あなたにプレゼント

　　［ね ら い］
1．自分が友だちからどう思われているかを知る。
　　［準備するもの］
1．プレゼントカード　　　　　　　　1人1枚
2．色鉛筆　　　　　　　　　　　　　各自用意
3．両面テープ　　　　　　　　　1グループ1つ
4．はさみ　　　　　　　　　　　　　1人1つ
　　［時間配分］　45分
1．準備・説明　　　　　　　　　　　　　5分
2．プレゼントカードの準備　　　　　　25分
3．プレゼントの発表　　　　　　　　　10分
4．まとめ　　　　　　　　　　　　　　5分
　　［すすめ方］
1．準備・説明
①　グループ（5～6人）になって、すわらせる。「今日は、これからグループのみんなにプレゼントをあげましょう」
②　〈プレゼントカード〉を配る。
③　〈プレゼントカード〉の記入方法を説明する。「誰に何をプレゼントするか決めて、カードに好きな色をぬりましょう。（中・高学年―どうして、そのプレゼントなのか理由も書きましょう）
　　たとえば、＊＊先生に、太陽が似合うなと思ったら太陽のカードを選びます。
（中高―選んだ理由、明るく元気だから等）
　　1人に1枚ずつプレゼントするので何枚か残ります。
　　25分後にプレゼントを渡すので、それまでに準備をしてください。
　　自分のほしいものを前もってほかの人に言ってはいけません。
　　それでは、誰に何を渡すか決めて、色をぬりましょう」
2．実　　施
①　教師の合図で活動をはじめる。
②　5分前、3分前に合図をし、作業を終える。
3．プレゼントの発表
①　1人ずつ立ってもらい、順番にプレゼントを体にはってあげる。
②　先生がそれぞれの絵のある人を立たせて絵の持つイメージを説明する。
　　「ライオンをもらった人は、立ってください。この人たちには、ライオンの＊＊なところが、あるのかもしれませんね」
　　（中高―グループごとにプレゼントを渡す時に、その絵を選んだ理由も伝える）
4．まとめ
「友だちの良いところをたくさん探すことができましたね。みんながあなたの良い所に気づいてくれてうれしかったですね」
　　［留意点］
・「まとめ」では励ますことを主とし、評価にならないようにする。

 いつも あかるい / たいよう	 あたたかい / ココア	 とっても はやい / スポーツカー
 いつも げんきな / ひまわり	 いつも たのしい / びっくりばこ	 たびにでる / おおきな ふね
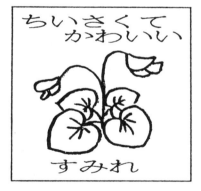 ちいさくて かわいい / すみれ	 おしゃれな / ケーキ	 さいごまで がんばる / かめ
 あまえんぼの / こいぬ	 つよそうな / らいおん	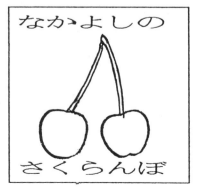 なかよしの / さくらんぼ

  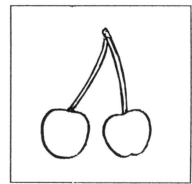

[低学年]

2. いいとこ み～つけた

[ねらい]
1. 友だちの良いところに気づく。
2. 友だちが，自分のどういうところを良いと思っているか知る。

[準備するもの]
1. 課題シート
　　1グループの枚数
　　5人のグループ　　4枚×5人分＝20枚
　　6人グループ　　　5枚×6人分＝30枚
2. 感想カード　　　　　　　　1人1枚
3. 鉛筆，消しゴム　　　　　　各自用意

[時間配分]　45分
1. 準備，説明　　　　　　　　5分
2. 課題シートの記入　　　　　20分
3. ふりかえり　　　　　　　　19分
4. まとめ　　　　　　　　　　1分

[すすめ方]
1. 準備・説明
   ① グループ（5～6人）になってすわる。
   「今日は，みんなで友だちの良いところを探してみましょう。それでは〈課題シート〉を配ります」
   ② 〈課題シート〉を配る。
   ・5人グループ1人4枚
   ・6人グループ1人5枚
   ③ 宛名のところに，グループの友だちの名前を書く。（自分は除く）
   ④ 〈課題シート〉の記入方法を説明する。
   「下の四角の中から，友だちにあてはまるものを3つ選んで，ふきだしに書いてあげましょう。そのとき3つの約束があります」

   | 約束1　人のを見たり，相談しないでやりましょう。
   | 約束2　時間は20分なので，1人を4分ぐらいで書くようにしましょう。
   | 約束3　〈課題シート〉は全員が書き終わるまで自分で持っていましょう。

   （質問があったら受ける）
2. 実　施
   ① 教師の合図で活動をはじめる。
   　（4分ごとに合図をする）
   「さあ，1枚目は書けたかな，そろそろ2枚目にすすみましょう」
3. ふりかえり
   ① 記入した〈課題シート〉をグループの友だちに渡す。
   ② 自分あての〈課題シート〉か確認する。
   ③ 自分の〈課題シート〉を静かに読む。
   　（この間に〈感想カード〉を配る）
   ④ 〈課題シート〉を読んだ感想を書く。
   ⑤ グループ内で，感想を発表する。
4. まとめ
   「友だちの良いところをたくさん探すことができましたね。みんながあなたの良いところに気づいてくれてうれしかったですね」

[留意点]
・発達段階に応じて，〈感想シート〉を書かず〈課題シート〉のみにしてもよい。
・良いところが見つからなくて悩んでいる子どもには，個別にアドバイスをする。
・自由記述にした場合，誤解を招くことがあるので，必ず語群の中から選ばせる。
・必ず3つ選んで書くようにする。

［課題シート］

いいとこ　み〜つけた

［いいとこ　み〜つけた］
［1・2・3年用］

　　　年　　月　　日

☆友(とも)だちの　いいところを　下(した)のことばから　えらびましょう。

|　　　　　　　　　　　　　　　　　さんへ |

あなたの　いいところは,

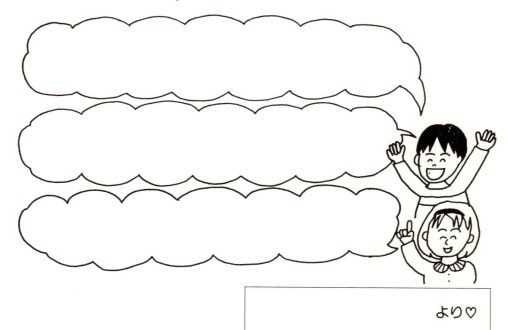

|　　　　　　　　　　　　　　　　　より♡ |

○やさしい	○すなお
○楽(たの)しい	○元気(げんき)がある
○なかよくできる	○すすんでかつどうができる
○きちんとしている	○なんでもやってみる
○よく気(き)がつく	○さいごまでがんばる
○明(あか)るい	○自分(じぶん)の仕事(しごと)をきちんとする

［課題シート］

いいとこ　み〜つけた

［いいとこ　み〜つけた］
［4・5・6年用］

　　　年　　月　　日

☆友だちの　いいところを　下の言葉から　えらびましょう。

さんへ

あなたの　いいところは，

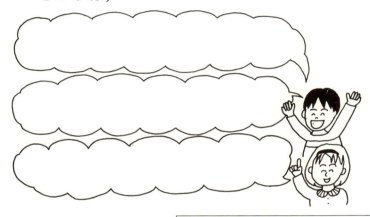

より♡

○やさしい	○すなお
○まじめ	○リーダーシップがある
○楽しい	○元気がある
○世話好き	○計画性がある
○友だちとなかよくする	○すすんで活動する
○たくましい	○さわやか
○きちんとしている	○なんでもやってみようとする
○勇気がある	○明るい
○よく気がつく	○最後までがんばる
○はっきりしている	○仕事をきちんとする

| 感　想　カード（かんそう） | [いいとこ　み〜つけた] |

　　　　　　　年　月　日　　　　年　　組　なまえ

☆「いいとこ　み〜つけた」で，友だちに書いてもらったことを読んで，思ったことを書きましょう。

[高学年]

3．私はこうなりたい

[ねらい]
1. 自分の目標を明確にし，それを達成するために，どう行動していくか考えることができる。
2. 自分のがんばりを認めることができる。

[準備するもの]
1. 課題シート　　　　　　　　　1人1枚
2. 鉛　筆　　　　　　　　　　　各自用意

[時間配分]　45分
1. 実施（自分はこうなりたい）　　　　10分
2. 実施（そのためにすること）　　　　15分
3. 発　　表　　　　　　　　　　　　15分
4. ま と め　　　　　　　　　　　　 5分

[すすめ方]
1. 実施（自分はこうなりたい）
   ① 〈課題シート〉を配り，次のように説明し自分の目標を記入させる。2つぐらい例をあげるとよい。
   「この1年間に，自分はこうなりたいということを考えていきましょう。
   この紙に，まず，1年後になりたい自分の姿を2つ書いてください。勉強についてひとつ，勉強以外のことでひとつです」
   ② 注意事項を読みあげる。
   「自分一人で考えてください。ほかの人のを見たり，話しあったりしてはいけません」
2. 実施（そのためにすること）
   ① 目標を全員が書き終わったことを確認し目標達成のためにどうするかを具体的に記入させる。
   ② 「今，自分の書いた目標を達成するために，どんなことをするのか，どうするのかをくわしく書いてください。言葉の最後は「〜したい」ではなく，「〜する」とはっきり書きましょう。たとえば（例をあげる）……」

3. 発　　表
   ① 1人ずつ発表させる。
   「これから，自分の書いたことをみんなの前で宣言してもらいます」
   ② 聞いている子どもたちには，聞き方を話す。
   「それぞれ一人ひとりががんばっていくことを聞いて，お互いに励ましあっていくようにしましょう」
4. まとめ
   ① 例「今日もできなかったと，深く反省するのではなく，少しでもできた部分を見つけて，自分のがんばりを認めていくようにしましょう」

[留意点]
① 目標および行動を設定していくときに，必ず具体的に書くように指導していく。
　くわしくは，次ページ参照。
② 他と比べるのではなく，自分なりの成長を目指す目標を考えさせる。
　「マラソンで〇〇君より速く走る」
　　　　↓
　「マラソンのタイムを校庭1周〇秒にする」
③ 例をたくさんあげると，そのまま真似してしまう児童も見られる。2つぐらいで，少しオーバーなものや逆説的なものをあげるとよい。(108頁参照)
④ 〈課題シート〉の下の絵については，自分がどの程度達成するかを確認するためのものです。色を塗らせたり，できるようになった部分を言葉で書かせたりして，つかってください。

[目標と行動計画の例]

1. 勉強に関すること
  （具体的でないもの）　　　　　　　　　　　　（より具体的に直したもの）
  「算数の成績をあげるために，一生懸命勉強する」　→　「算数のテストで70点以上をとるために，毎日ドリルを1ページずつやる」

  「さか上がりをがんばる」　→　「さか上がりができるようにするために，毎日補助器を使って10回ずつする」

  「ふえの練習をまじめにやる」　→　「ふえで〈エーデルワイス〉がふけるように家でも夕食前に1回ふく」

  「字がうまくなるようにする」　→　「字がきれいに書けるように，毎日ノートに「書き方教科書」を1ページずつ写す」

2. 勉強以外のこと
  「好き嫌いをなくすために，なんでも食べるようにする」　→　「給食でニンジンがでても，1コは食べる」

  「忘れ物をしない」　→　「忘れ物をなくすために，先生がいったことを必ずメモに取り，帰ったら，すぐに用意する」

  「友だちと仲良くする」　→　「困っている友だちを見たら，自分から声をかけて，なにかすることはないか聞く」

[課題シート]　　　　　　　　　　　　　　　　　　　　　　　　　　　　　　[私はこうなりたい]

私は　こうなりたい

　　　　　　　　　　　　　　　　年　　　組　　　番　名前

勉強のこと　　　　　　　　　　　　　　　　　　　　　勉強以外のこと

　　　　　　　　　　　　　１年後に
　　　　　　　　　　　　　私は
　　　　　　　　　　　　　こうなりたい

　　　　　　　　　　　　　そのために
　　　　　　　　　　　　　すること

　　　１学期は　　

　　　　　　　　　　　　　２学期は

　　　　　　　　　　　　　３学期は

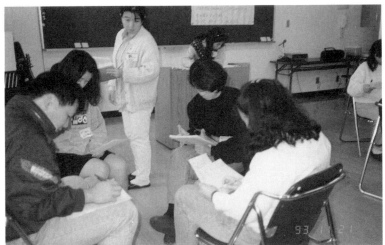

VI 先生や保護者向けのGWT財

先生や保護者向けのGWTとは

　本書はコンセンサスを主眼にした成人向け財のページを設け，体験してもらうことを意図として，3つの財にまとめました。
　グループがある目標に向かって進むとき，グループ決定が必ず行われます。この決定に際し，コンセンサスが大切であることを理解し，体験できるのがこの財です。対人間関係改善スキルとして有力な手段であると確信します。
　お役立てください。

財の紹介

　それでは，どのような内容になっているか紹介しましょう。

GWT財	内容
子どもたちへの願い	・課題シートにある36項目から，好ましいと思うものと，好ましくないと思うものをそれぞれ3つずつ選ぶ。 グループ全員の選んだものを一覧表に記入する。
私の教育方針	A～Jまである10の文章を，大賛成，賛成，反対だがやむをえない，大反対の4つにランクづけする。 　次に，実際に子どもたちに向かってやっていることを，順に1～3にランクづけする。
もし，子どもが	〈課題シート〉には，「もし，子どもが○○○○なら」が書いてあり，〈課題カード〉には，「そういう育てられ方をされた子どもは，こうなります」が書いてあります。バラバラになったカードから，最も適切だと思われるものを，話し合いで決めるものです。

　いずれも，そのあとにグループ討議をしてグループ決定を行います。
　この過程での自分の価値観（教育観）や，他の人の価値観（教育観）に気づき，コンセンサスによるグループ決定の仕方を学びます。

なぜ，先生や保護者向けGWTを行うのでしょうか？

1) この本を手になさっているあなたは，アドバイザーの立場が多いと思います。GWTを知らない教育課程の学生，教師や，保護者が体験することにより，理解が深まります。そのためにも，数多く体験することが大切です。
　　子どもたちとかかわりのある方は，自分たちも体験しておく必要があります。
2) この財を体験することにより，自分で気づかない価値観，曖昧だった価値観を明確にすることができ，他の人の価値観を知ることにより視野が広がります。
3) ①　自分の長所，短所に気づき，自分を好きになります。

②　他の人の長所，短所に気づき，肯定的に受け入れられるようになります。
③　グループの状況に気づき，効果的に動けるようになります。
　　この繰り返しにより，グループの相互理解が深まると考えられます。
4）　教師の各種研究会，子ども会育成会などのリーダー研修，組合員研修，生涯学習グループなど，5～8人の集団で，グループコンセンサスが要求される場合には，利用できると考えられ，事実，体験された多くの方々が，その効果を認めて，積極的に活用されていることが報告されてます。

グループによる討議と決定について

　グループで討議し決定したことがらが，なぜ人間の行動を変えるのでしょうか？その理由として，
①　話し合いの中で，いろいろな新しい情報や意見が出され，視野が広がる。
②　話し合いの中で，内容が自分たちに実行可能な形にまとまる。
③　グループ決定により，他のメンバーも実行しようとしていることがわかる。
④　グループ決定に参加したことが，実行しようとする意欲を引き起こす。
　　そしてグループ決定は，かたわらには誰もメンバーがいない日常生活の中でも心理的に一種の拘束力，強制力をもつようになる。
などがあげられます。
　また，はっきりした形でのグループ決定が行われなくても，グループの圧力は，メンバーに影響を及ぼします。特にギャング・エイジグループやサークルのような自発的小グループの許しあえる雰囲気のなかで，自由なコミュニケーションが行われ，メンバー同士の間に相互作用があるとき，人はその中で成長し，変わり，改まるようです。コンセンサスを得るために，説得によってメンバーの価値観を変えることは困難ですが，感動をともなうとき，価値観は変わりえます。
　こんなことが，グループ・ワークの効用です。
　以上のことがらを念頭におきGWTを進めると，よりよいものになるでしょう。

実施上の留意点

①　財はいずれも，字句の解釈が各人の価値観，経験，環境によって千差万別であり，「コトバの一致」がむずかしい。どのようなことがらを基準に話し合いを進めるか，話し合いの進捗状況によっては，アドバイザーが部分的介入にのりだした方がよい場合があります。
②　ふりかえりは，アドバイザーが，最も注意を払わなければならないことがらです。それは，プロセスを重視しているからです。
　　それぞれの財ごとに，留意点が記されていますが，〈観察シート〉を用いると，ふりかえりのときに役立ちます。
③　ふりかえりについては，
　　『学校グループワーク・トレーニング』の理論編
　　『人間開発の旅』の「フィードバック・レター」
　　『本書』「〈ふりかえりシート〉の使い方は？」（153頁）
　　　　　「コンテントとプロセスってなんですか」（155頁）
などを一読されると，より理解が深まると思います。

[成　人]

1．子どもたちへの願い

[ねらい]
1．親あるいは教師として，子どもたちにどんな子どもに育ってほしいと願っているか，価値観，教育観をはっきりさせる。
2．他者の価値観，教育観をきいて，視野を広げる。
3．コンセンサスによるグループ決定の仕方を学ぶ。
4．コンセンサスによるグループ決定の場での自分の動き，他者の動きに気づく。

このGWTは，教師の研究会，保護者の会，大学の教職課程の学生の勉強会などでつかっていただける。

[準備するもの]
1．課題シート　　　　　　　　　1人1枚
2．解答一覧表　　　　　　　　　1人1枚
3．ふりかえりシート　　　　　　1人1枚

[時間配分]　170～230分
1．最初の説明と個人決定の記入　　　10分
2．個人決定を解答一覧表に記入　　　10分
3．グループ・ディスカッション　　65～95分
4．グループ決定の発表　　　　　　　10分
5．休　　憩　　　　　　　　　　　　15分
6．ふりかえりシートの記入　　　　　20分
7．ふりかえりの話し合い　　　　　30～60分
8．アドバイザーのコメント　　　　　10分

[すすめ方]
1．準備・説明
① グループ（8人前後）に分ける。
② 〈課題シート〉を配り，最初の4行を読みあげ，記入させる。
③ ほぼ全員が印をつけ終わったら，次の作業を指示する。
「いま印をつけた中から，こんな子どもに育ってほしいと思うものを3つ，こんな子どもでなくてもよいと思うものを3つ選んで，番号ではなく，その言葉を下の欄に記入してください。そのとき順位を考えて書いてください」
④ 全員が書き終わったことを確かめたあと，〈解答一覧表〉を配り，まず氏名欄に自分を含めてメンバー全員の氏名を記入させる。つづいて各自の選んだものを発表させ，一覧表に記入させる。

このとき「勉強のよくできる子」と発表するのを聞いて，丁寧に「勉強のよくできる子」と書く人がいる。これでは時間がかかるので，省略して「勉強」と記入するように注意する。また，記入の早く終わったグループに，まだ話し合いを始めないように注意する。

2．グループ・ディスカッション
① 全部のグループが一覧表の作成を終わったことを確認したあと，次のように説明する。

「これからグループで話しあって，こんな子どもに育ってほしいと思うもの3つについて，グループの決定を出していただきます。
（こんな子どもでなくてもいいと思うものまで話しあうと時間がかかりすぎる）

ただし，あらかじめ司会者や進行係をきめて，話し合いを始めるということはしないでください。全員が平等な立場でグループ・ディスカッションに参加します。話し合いがすすむ中で，誰かが司会者のようになったり，それがいつのまにか交替したりする。そのプロセスを観察しておくことが大切なのです。
（リーダーの在り方も研修目標に入っているときは，司会者をきめる）

ところで，〝ちゃんと自己主張のできる子になってほしいと思う気持ちもあるが，ホンネを言うと，自己主張をあまりしないで先生の言うことに従順な子になってほしいと思う〟とおっしゃった方があります。

タテマエもホンネも，どちらも正直な気持だと思いますが，今日はタテマエではなく，ホンネで考えていること，思っていることを，遠慮しないでキチンと主張してみてください。いいかげんなところで妥協しないようにしてくだ

さい。
　　　グループ・ディスカッションの時間は，これから60分です」
　　（90分までの範囲内で設定する）
　②　時間がきたら話し合いを打ち切り，グループ決定を発表させる。
3．休　　憩
4．ふりかえり
　①　〈ふりかえりシート〉を配り，マトリックスの氏名欄の左端に自分の名前を記入させる。
　②　〈ふりかえりシート〉の1のa〜eを1項目ずつ区切って読みあげ，自分の欄に点数を記入させる。（約3秒間隔で読むとよい）
　④　氏名欄にメンバーの氏名を記入し，各自のa〜eの採点を発表して，マトリックスを埋める。
　⑤　2〜7を自由に記入させる。（20分）
　⑥　記入した〈ふりかえりシート〉をもとに，ふりかえりの話し合いをさせる。進行係をきめてもよい。
　　　ふりかえりがコンテント（グループ・ディスカッションの内容）の方にいきやすいので，アドバイザーはよく注意しておく。また，話し合いが単なる「感想をしゃべる会」にならないように注意する。
5．アドバイザーのコメント
　グループ・ディスカッションをしている間に観察したことをもとに，コンテントとグループ・プロセスについてコメントする。
　　　　[ふりかえりのポイント]
　①　〈ふりかえりシート〉の1の問は，メンバーの意欲，参加没入度，グループの集中度，メンバーは互いに受け入れ，聴きあっているか，メンバー一人ひとりの感情などについてのふりかえりである。
　　　一人ひとりがなぜそういう点になったか話をする。たとえば，bにある人は9点をつけたが，別の人は4点をつけた場合，4点というのは当人の責任なのか，誰かがプレッシャーをかけたのか。9点をつけた人はのびのび話ができてよかったが，そばに4点しかつかない人がいることに気づいていたのか，その人にどれくらい配慮したのか，などについて話しあうのである。
　　　bは点が高いのにcが低くなり，dはもっと低いという人がいる。のびのび言いたいことを言ったが，あまり聴いてもらえず，グループには影響を与えなかったというのは，独り善がりの言動にすぎなかったということである。
　　　反対に，少し窮屈な思いをしながらも思い切って発言したらみんな聴いてくれて，グループ決定に大きな影響を与えたというのであれば，これは高く評価するべきである。
　②　〈ふりかえりシート〉の3の「あなたは，自分が正しいと思っている意見に，みんなの理解と賛同を得るために，どのような方法をとりましたか」というのは，自己主張の仕方をきいている。
　　　グループ・ディスカッションを観察していると，「私の意見はこうです。意見は言いましたから，後はどなたかまとめてください」と依存的になっている人を見かける。
　　　自己主張するのは，自分の意見をみんなに納得してもらい，賛成してもらうのが目的である。意見を言うだけで，みんなが賛成してもしなくてもかまわないというのは自己主張ではない。
　　　ときには「私の意見でグループの結論が決まるのはいやだから，私は強く言わないのだ」と，逃げ腰で意見をいう人さえいる。なんのためのグループ討議かといいたい。
　③　丁寧にふりかえりをするときは，〈ふりかえりシート〉の5と6の問いだけを，一緒にしてやるとよい。
　　　Aさんが，自分が気配りしたことや，まずかったと思う行動について話し，ついでメンバー一人ひとりが，Aさんの行動について感じたことを話す。こうした全員についてふりかえりをするのである。丁寧にやると，一人について1時間くらいかかるこ

ともある。
④ ふりかえり，フィードバックというと，相手の欠点をあげてやっつけること，と考えている人がいるが，ふりかえりやフィードバックは「事実を指摘すること」であり，相手にマイナスの評価を押しつけたり，非難し，責め裁くことではない。

相手の良い点やその人の気づいていない長所を伝えてあげることもフィードバックなのである。

⑤ フィードバックを受けるときは，言い訳をしたり，反論しないことである。もちろん納得ゆくまで質問することは必要なことである。

また，ほめられたらそれを素直に受け入れて感謝し，喜ぶことが大切である。照れたり，「そんなことはありません」といって断ったりしないことである。

⑥ アドバイザー自身が，時間をかけたフィードバックを受ける研修を体験しておくことが望ましい。

［留 意 点］
① 単に3つを選ぶだけでなく，自分が主張する項目（たとえば，自己表現のできる子）を実現するために，具体的にどんなことをしているかを話しあうと勉強になる。この場合は，グループ・ディスカッションの時間を90分とする。

② 「健康で体力のあるたくましい子」が，障害をもった子どもはどうなるのか，ということから議論になることが多い。この場面でのグループ・プロセスをよく観察しておく。

［実　　例］
① 「偏差値なんか気にしないでのびのびと遊んだらいい，と他人の子どもになら言えるんだけど，自分の子どものことになると……」と言った母親がいる。
② 「クラスの子には，いろんなことに好奇心をもてと言っていながら，学校の成績が良くなるようにと，自分の子どもは学習塾にやっている」と告白した教師がいる。
③ タテマエとホンネと2つの結論を出したグループがある。

[課題シート]

子どもたちへの願い

1．あなたは，子どもたちに，どんな子どもに育ってほしいと願っていらっしゃいますか。下のリストの中で，こんな子どもに育ってほしいと思うものに○を，こんな子どもでなくてもよいと思うものに×をつけてください。
（全部につける必要はありません）

1．行動的な子	13．勉強のよくできる子	25．よく気のきく子
2．芸術的な子	14．自己主張のできる子	26．理性的な子
3．野望にもえる子	15．愛想のいい子	27．慎重な子
4．善良で温厚な子	16．負けずぎらいな子	28．批判精神のある子
5．忠実な子	17．正直な子	29．人の注目を浴びる子
6．皆を引っ張っていく子	18．創造的な子	30．親分肌の子
7．従順な（素直な）子	19．正義感の強い子	31．頭の回転の早い子
8．根性のある子	20．自己表現のできる子	32．冒険心のある子
9．親切な子	21．独立心の強い子	33．一流を目指す子
10．好奇心の強い子	22．勇敢な子	34．明るい子
11．ユーモアのある子	23．ユニークな子	35．何事も早くやれる子
12．みんなから可愛がられる子	24．健康で体力のあるたくましい子	36．こつこつと地道にやる子

2．上の○，×の中から3つずつ選んで，下の欄に記入してください。

A．こんな子どもに育ってほしいと思うもの　　B．こんな子どもでなくてもよいと思うもの

第1位　　　　　　　　　　　　　　　　　　第1位

第2位　　　　　　　　　　　　　　　　　　第2位

第3位　　　　　　　　　　　　　　　　　　第3位

[解答一覧表]

子どもたちへの願い

氏名	A．こんな子どもに育ってほしいと思うもの			B．こんな子どもでなくてもよいと思うもの		
	第1位	第2位	第3位	第1位	第2位	第3位

［ふりかえりシート］

グループ討議のふりかえり

［子どもたちへの願い］

1. 次のことを10点満点であらわし，下の表の「自分」の欄に記入してください。
    a．あなたは，どれぐらい積極的に話し合いに参加しましたか。
    b．あなたは，みんなを意識して身構えたりしないで，どれぐらい心を開いて，のびのびとホンネで話しましたか。
    c．あなたの発言は，どれぐらいみんなに受け入れられましたか（聴いてもらえましたか）。
    d．あなたは，どれぐらいみんなに影響を与えたと思いますか。
    e．あなたは，グループ決定の結果にどれぐらい満足していますか。

2. 「影響」欄に，グループに対していちばん強い影響を与えた人に※を記入してください。また，あなたにいちばん影響を与えた人に◎を記入してください。

氏名	自分								備考
a									
b									
c									
d									
e									
影響									

あとでアドバイザーの指示によって，この表を完成させます。

3．あなたは，対決・葛藤を恐れず，率直に意見をのべましたか。あなたは，自分が正しいと思っている意見に，みんなの理解と賛同を得るために，どのような方法をとりましたか。波風の立つことを恐れて，発言を少し控えたり，簡単に妥協したりした場面はありませんでしたか。
グループのメンバーはどうだったでしょう。

4．全員一致でグループの決定を出すため，お互いにどの程度聴きあい，話しあって，結論を練りあげましたか。グループ決定は，本当に全員の納得によって決定されましたか。

5．あなたは，話し合いを効果的にすすめるため，どんなことに気を配りましたか。どんな行動をとりましたか。どんな行動がまずかったと思いますか。

6．メンバー一人ひとりのどんな行動が好ましく，どんな行動が気になりましたか。

7．そのほか，今のグループワークを振り返って，気づいたこと，感じたこと，学んだことはどんなことですか。

［成　人］

2．私の教育方針

　　［ねらい］
1．教師として，子どもたちにどんな考えを持って接しているか，自分の価値観，教育観を点検し，再確認する。
2．他者の価値観，教育観をきいて，視野を広げる。
3．コンセンサスによるグループ決定の仕方を学ぶ。
4．コンセンサスによるグループ決定の場での自分の動き，他者の動きに気づく。
　このGWTは，全国レクリエーション研究大会・福岡大会の学校レクリエーション部会などで使用したものである。
　教師の研究会，大学の教職課程の学生の勉強会などでつかっていただける。

　　［準備するもの］
1．課題シート　　　　　　　　　　1人1枚
2．解答一覧表　　　　　　　　　　1人1枚
3．ふりかえりシート　　　　　　　1人1枚

　　［時間配分］　170分
1．最初の説明と個人決定の記入　　　　10分
2．個人決定を発表し解答一覧表に記入　10分
3．グループ・ディスカッション　　　　65分
4．グループ決定の発表　　　　　　　　10分
5．休　　憩　　　　　　　　　　　　　15分
6．ふりかえりシートの記入　　　　　　15分
7．ふりかえりの話し合い　　　　　　　35分
8．アドバイザーのコメント　　　　　　10分

　　［すすめ方］
1．準備・説明
　①　グループ（8人前後）に分ける。
　②　〈課題シート〉を配り，点線から上の文章を読みあげ，記入させる。
　③　全員が書き終わったことを確かめたら，〈解答一覧表〉を配り，一番上の欄にメンバーの氏名を記入させる。つづいて各自の「賛否」を発表させ，一覧表に記入させる。
　　　記入の早く終わったグループに，まだ話し合いを始めないように注意する。

2．グループ・ディスカッション
　①　全部のグループが〈解答一覧表〉の作成を終わったことを確認した後，次のように説明する。
　　「これからグループで話しあって，あるべき方針で，しかも現実的な教育方針を3つ選んでください。
　　　ただし，あらかじめ司会者や進行係をきめて話し合いを始めるということはしないでください。全員が平等な立場でグループ・ディスカッションに参加します。話し合いがすすむ中で，誰かが司会者のようになったり，それがいつのまにか交替したりする，そのプロセスを観察しておくことが大切なのです。
　　　ところで"私は体罰が必要だとは思っていないが，他の先生から，生徒を厳しく締めることができるのは体育の先生しかいない，といって体罰を加える役を押し付けられる。親も，悪いことをしたら殴っていいから，厳しくしつけてくれという。そのくせ問題が起きると体罰はよくないという。体育の教師は損だ"とおっしゃった方があります。
　　　タテマエもホンネも，どちらも正直な気持だと思いますが，今日はタテマエではなく，ホンネで考えていること，思っていることを，遠慮しないで話しあってください。
　　　グループ・ディスカッションの時間は，これから60分です」
　　　（時間がないときは45分でもよい）
　②　時間がきたら話し合いを打ち切り，グループ決定を発表させる。

3．休　　憩

4．ふりかえり
　①　〈ふりかえりシート〉を配り，黙って記入させる。
　　　〈ふりかえりシート〉は，「子どもたちへの願い」で使用するものを，ここで使用してもよい。
　②　記入した〈ふりかえりシート〉をもとに

ふりかえりの話し合いをさせる。ここでは進行係をきめてもよい。

ふりかえりがコンテント（グループ・ディスカッションの内容）の方にいきやすいので，アドバイザーはよく注意しておく。また，話し合いが単なる「感想をしゃべる会」にならないように注意する。

5．アドバイザーのコメント

グループ・ディスカッションをしている間に観察したことをもとに，コンテントとグループ・プロセスついてコメントする。

［課題シート］

私の教育方針

「腕白でもいい，たくましく育ってほしい」という言葉がありますが，あなたはどんなお考えで子ども（児童，生徒）に接しておられるでしょうか。

　まず，次の文章を読んで，実行しているかどうかは別として，その考え方に
　　大賛成……◎
　　賛成……○
　　反対だがやむをえない……△
　　大反対……×
の印を，別紙〈解答一覧表〉の「賛否」の欄につけてください。

　次に，実際にやっておられることを点検していただいて，いちばんよくやっているものを1，その次のものを2，そのつぎのものを3として，「自分」の欄に数字を書いてください。

[解答一覧表]

私の教育方針

教育方針	賛否	自分									
A. 教師や親や先輩に対しても、きちんと自己主張できる子どもに育てたい。											
B. 性格も能力も違う子どもたちの、一人ひとりにあった教育の仕方があるはずだ。それを見つけて実践したい。											
C. 子どもに対しては校則を厳しくして生活指導する必要がある。ときには体罰も必要だ。											
D. 子どもは学業が最優先であるから、現実の政治社会問題にはまだ目を向けさせたくない。											
E. 学校では画一的に教えざるを得ない。だから、落ちこぼれが出るのは残念だが仕方のないことである。											
F. 教師や親や先輩の言うことをよく聴く、従順な子どもに育てたい。											
G. 子どもには最低限のルールを守らせればよい。あとはできるだけ自由にやらせたい。											
H. なにか一つ得意なものがあればそれでよい。それを大切に伸ばしてやりたい。											
I. 強い闘争心をもって、受験体制を勝ち抜いていける子どもに育てたい。											
J. 仲間と一緒に行動できる子どもに育てたい。(仲間から離れて、独りでやりたいことをやる子どもにはしたくない)											

[ふりかえりシート]　　　　　　　　　　　　　　　　　　　　　　　　　　　　　　　　[私の教育方針]

話し合いのふりかえり

1．いまのグループでの話し合いに，あなたはどれくらい積極的に参加しましたか。10点満点であらわしてみてください。その点数の根拠は何ですか。

2．あなたは，みんなを意識して身構えたりしないで，心を開いてのびのびとホンネで話しましたか。10点満点であらわし，その点数の根拠を話してください。

3．あなたは，対決・葛藤をおそれず，率直に意見をのべましたか。波風が立つことや攻撃されることをおそれて，発言を少し控えた場面はありませんでしたか。

4．あなたの意見に，みんなの理解と賛同を得るために，あなたはどのような方法をとりましたか。

5．話し合いを効果的にすすめるために，あなたはどんなことに気を配りましたか。

6．あなたにいちばん影響を与えたのは，誰のどんな言動ですか。（プラスでもマイナスでも）

7．グループにいちばん影響を与えたのは，誰のどんな言動ですか。（プラスでもマイナスでも）

8．そのほか，今の話し合いを振り返って，気づいたこと，感じたこと，よかったこと，気になったことを話してください。

［成　　人］

3．もし，子どもが

　　［ね ら い］
　自分の考えを話したり，他の人の考えを聞くことにより，子育てについての考え方を深めることができる。
　　［準備するもの］
1．課題シート（A，B）　　　1グループ1枚
2．課題カード（A，B）　　1グループ1セット
3．ふりかえりシート　　　　　　各自1枚
　　［時間配分］　45分
1．準備・説明　　　　　　　　　　　5分
2．実　　施　　　　　　　　　　　25分
3．発　　表　　　　　　　　　　　10分
4、ふりかえり・まとめ　　　　　　　5分
　　［すすめ方］
1．準備・説明
　①　4～6人を1グループとし，テーブルを囲んですわらせる。
　②　〈課題シート〉〈課題カード〉をグループに配る。グループ決定のやり方を読みあげ，確認する。
　③　グループのメンバーに〈課題カード〉をだいたい同じ枚数になるように配る。
　④　終了時間を告げ，開始する。
2．実　　施
　①　早く終わったグループには発表者を決めさせ，発表の内容を考えさせる。また，時間がきたら途中であっても終わりにさせる。
3．発　　表
　①　早くできたグループから，発表時間は1分間を目安に，結果とそれにいたった経緯を発表させる。
　②　正解を発表する。
4．ふりかえり
　①　〈ふりかえりシート〉を配り記入させる。
　②　ねらいに即してまとめる。
　　［留 意 点］

・保護者会などで行うときには，親との信頼関係ができているときに行うこと。
・肯定的な内容のカードと否定的な内容のカードを分けてから，とりかかると早くできる。
・否定的な内容の方が，正解率は高い。
・時間がないときは，否定的なものはやめ，肯定的な内容のカードのみ（A）で行うとよい。
・真剣に話しあうグループは，25分の時間ではたりず，安易に決めていくグループは，15分もあれば決まってしまう。
　　［親の感想］
・「寛容」「誠実」「公正」など一見同等に扱ってしまう言葉を一つひとつ吟味し，自分の経験に当てはめて必死に考えました。マイナスの要素の方は，原因と結果がわりにはっきり見えましたが，プラスの要素の方は「そうもいえる」「こうも考えられる」とたくさんのファクターがからんでいる気がして困難でした。
・実生活で子どもに対して，ほめたり，叱ったりしたことの結果が，意外に誤りであることを知り，今後正解を頭において声かけしたい。
・今まで，こんなに真剣に他のお母様方と一緒に一つずつ考えたことはありませんでしたので，今日このような企画があってよかったと思いました。
・短時間でしたのでお母様方とディスカッションするというよりは，内容的には「つじつまあわせ」の作業に追われ，最後は苦しい「ゴロ合わせ」も飛びだし，笑ってしまいました。
・ゲーム感覚であるけれど，内容はかなり深いのではと思いました。こういう話し合いはお互いの考えがわかってよかったと思いました。
・とてもおもしろかったです。特に〈課題シートB〉の方は随所に自分の姿がみられドキッとしました。答えをあてはめながらこんなふうになってしまうのかと大いに反省しました。

[もし，子どもが]

[正解および親の反応]

	仮定	正解	ある4つのグループの結果			
課題シートA	勇気づけを受けて	自信をもちます	自信もつ	忍耐強い	自信持つ	忍耐強い
	よいと認められて	自分自身を好き	自分好き	自信もつ	自分好き	自信もつ
	したことを認められて	目標をもつのはよい	目標よい	目標よい	目標よい	目標よい
	心の寛容な人の中で	忍耐強くなる	忍耐強い	自分好き	忍耐強い	人を愛す
	誠実に扱われて	真実が何であるか	真実	真実	真実	真実
	公正に扱われて	正義が何であるか	正義	正義	正義	正義
	人に受け入れられて	人を愛する	周り信頼	人を愛す	世界素敵	自分好き
	安心して	自分や周りを信頼	世界素敵	世界素敵	周り信頼	世界素敵
	親切にされて	世界は素敵な場所	人を愛す	周り信頼	人を愛す	周り信頼
課題シートB	競争にあおられて	人と協力できない	非協力	喧嘩解決	非協力	喧嘩解決
	高望みをされて	自分を無能だと思う	自分無能	自分無能	自分無能	自分無能
	過保護に	責任を取らない	自分中心	はにかみ	無責任	無責任
	甘やかされて	自分中心エゴイスト	無責任	自分中心	自分中心	自分中心
	敵意に満ちた中で	喧嘩で問題を解決	喧嘩解決	非協力	喧嘩解決	非協力
	一貫性を持たないで	人を信頼しない	不信頼	無責任	不信頼	不信頼
	権威的な環境で	支配的・卑屈	支配的	支配的	支配的	支配的
	批判ばかり受けて	非難ばかりする	悪い気持	非難	非難	非難
	冷やかしを受けて	はにかみ屋	はにかみ	不信頼	はにかみ	はにかみ
	ねたみを受けて	悪いような気持ち	非難	悪い気持	悪い気持	悪い気持
	哀れみを受けて	みじめ・義務逃れる	みじめ	みじめ	みじめ	みじめ

[言葉についてのいくつかの注]

「勇気づけ」とは，元気づけ。やる気がでるので自信をもつ。

「心の寛容な人」は，忍耐強い。そういう人を見て育つと，忍耐強くなる。

「誠実」な人は相手を考え，自分の良心の命ずるままに行動する。真実を見つけようとする。

「公正」とは，誰に対しても平等なこと。不平等な事柄にたいして正義をもって戦う。

「親切にされる」と周りの人から何かをされるので，世界は素敵だなと思える。

「競争」をあおられると，人より優位に立とうとばかりする。だから人と協力できない。

「過保護」とはするべきことを何もさせないこと。責任を取るべきとき親が代わってしまう。

「甘やかし」とは，何をしても許してしまうこと。周りはなんでも自分の言いなりになると思うようになる。

「子育てに一貫性」がないので，言ったことと反対のことを言ったりするから，信頼しない。

「批判を受ける」と人間は，自己弁護したくなり，周りを非難してしまう。

「冷やかし」とは返事に困るようなことを言うこと。すると，うつむいて恥ずかしくなる。

「ねたみ」とは他人の幸運・長所をうらやむ。自分は悪いことをしていないのに悪い気になる。

[参考文献]

・野田俊作『勇気づけの家族コミュニケーション―続アドラー心理学トーキングセミナー』アニマ2001　1991年
・ルドルフ・ドライカース，パール・キャッセル著　松田荘吉訳『やる気を引き出す教師の技量』一光社　1991年
・加藤諦三『アメリカインディアンの教え』ニッポン放送出版　1990年

[課題シート　A]

もし，子どもが……だったら，どうなりますか

［もし，子どもが］

　このシートは，「もし，子どもが……だったらどうなるか」ということが書かれています。
　そういう育てられ方をした子どもは，どうなりますか。バラバラになったカードの中から，最も適切だと思われるものを，お互いが納得するように話し合いで，決めてください。

もし，子どもが　勇気づけを受けて　育てられると	→
もし，子どもが　よいと認められて　育てられると	→
もし，子どもが　したことを認められて　育てられると	→
もし，子どもが　心の寛容な人の中で　育てられると	→
もし，子どもが　誠実に扱われて　育てられると	→
もし，子どもが　公正に扱われて　育てられると	→
もし，子どもが　人に受け入れられて　育てられると	→
もし，子どもが　安心して　生きていると	→
もし，子どもが　親切にされて　生きていると	→

［課題シート　B］

［もし，子どもが］

もし，子どもが　競争にあおられて　育てられると	→	
もし，子どもが　高望みされて　育てられると	→	
もし，子どもが　過保護に　育てられると	→	
もし，子どもが　甘やかされて　育てられると	→	
もし，子どもが　敵意に満ちた中で　育てられると	→	
もし，子どもが　子育てに一貫性を持たないで　育てられると	→	
もし，子どもが　権威的な環境の中で　育てられると	→	
もし，子どもが　批判ばかり受けて　育てられると	→	
もし，子どもが　冷やかしを受けて　育てられると	→	
もし，子どもが　ねたみを受けて　育てられると	→	
もし，子どもが　哀れみを受けて　育てられると	→	

［もし，子どもが］

［課題カードA］

- 自信をもちます
- 自分自身を好きになります。
- 目標をもつことはよいことだと思います。
- 忍耐強くなります。
- 真実が何であるかを考えるようになります。
- 正義が何であるかを考えるようになります。
- 人を愛するようになります。
- 自分自身と自分の周りのものを信頼します。
- 世界は生きたり愛したり愛されたりするすてきな場所であると感じます。

＊それぞれ切ってお使いください。各グループ1セットです。

［課題カードB］

- 人と協力できなくなります。
- 自分を無能だと思いこみます。
- 自分の行動に責任を取らなくなります。
- 自分中心になりエゴイストになります。
- 喧嘩で問題を解決するようになります。
- 人を信頼しなくなります。
- 支配的になり力に頼るようになるか，卑屈になり力に屈するようになります。
- 非難ばかりするようになります。
- はにかみ屋になります。
- いつも悪いことをしているような気持ちになります。
- 自分をみじめに感じるか，哀れみを誘って義務を逃れるようになります。

ふりかえりシート

［もし，子どもが］

1．話しあった内容について，考えをお聞かせ下さい。

```
[                                                              ]
```

2．グループごとの話し合いが始まってから終わるまで，ご自身の様子を振り返ってください。

　1）　自分の考えを，はっきりほかの人に発表できましたか。（〇をつける）

　　　できた　4　3　2　1　できなかった　　理由［　　　　　　　　　　］

　2）　自分の考えを他の人は，聴いてくれましたか。（〇をつける）

　　　くれた　4　3　2　1　くれなかった　　理由［　　　　　　　　　　］

　3）　他の人の考えをしっかり聞けましたか。（〇をつける）

　　　聞けた　4　3　2　1　聞けなかった　　理由［　　　　　　　　　　］

3．このような活動の全般についてのご感想ご意見などをお書きください。

```
[                                                              ]
```

差し支えなければ　　お名前

第2部
学校実践での留意点　Q&A

Q1. 学校での1年間のプログラムは，どのようにするとよいでしょうか。

A　学校行事，担当学年にあわせたプログラムをつくることをおすすめする。ここで述べるポイントと，この本の2ページの一覧表を参考にしていただけると幸いです。

[4月]　　　　話すこと聴くことを学ぶ

　力をあわせるGWT財（P.43参照）・情報を組み立てるGWT財（P.7参照）・聴き方を学ぶGWT財（P.73参照）を中心に実施する。

　まず，自分の意見を述べることと，友達の考えをしっかり聴くことを体験させるのである。子どもたちは，だれもが課題を出されたときに，いろいろな考えをもつことや，それを発表することが大切であることを知る。またこれらのGWT財は，グループの人数が少ないのでふだんおとなしい子でも話しやすい。また，情報を提供しないと課題が解けないので自分の情報を話すようになり，ほかの子どもたちもその子がしっかり発言できることを知ることができる。

[5・6月]　　　役割分担や時間配分を学ぶ

　4月に友だちもいろいろな考えをもっていることを知り，どの子も発表ができるようになったら，次は，力をあわせるGWT財をどんどん実施する。そのなかで，役割分担の仕方や，時間内に課題を解決するための時間配分などを考えるようになる。この時期は，特にみんなで活動することの楽しさや，成功感を重視して体験させたい。

[7月]　　　　クラスの仲間から認めてもらう

　1学期のしめくくりを気持よく終わりたい。そこで，友人から見た自分を知るGWT財より，前著『学校グループワーク・トレーニング』の「あなたはステキ」や，本書の「いいとこみ～つけた」を実施する。自分のことについてクラスの仲間から承認をもらえるので，自信がつき，クラスの中で伸びやかに活動できるようになる。

[9・10・11月]　リーダーシップやメンバーシップを学ぶ

　運動会や収穫祭など，子どもたちが協力して自主的な活動のできる行事がたくさんある。それにあわせて，1学期にあつかった役割分担や時間配分を学べるGWT財に加えて，力をあわせるGWT財の中から，リーダーシップやメンバーシップを学ぶGWT財を実施する。

　子どもたちは，実践の場面でいろいろな係に分かれても，それぞれの場所でGWTで学んだ協力をしていくことができる。

　各行事のあとには，「みんなでつくる連絡票」をあつかうと，教師一人だけでは見ることのできにくい係での活躍や，めんどうな仕事に努力してくれたメンバーを子どもたち同士で認めあうことができる。

[12月]　　　気持よく2学期をしめくくる
　　　　　　1年のまとめとして，7月と同じ「あなたはステキ」や「いいとこみ〜つけた」を実施する。新年を迎えるにあたり，友だちに認められたなかで気持よく2学期をしめくくることができる。

[1・2月]　　協力することを楽しむ
　　　　　　この時間に力をあわせるGWT財を実施すると，今までの経験を生かして子どもたちは余裕をもって課題に取り組み，おおいに楽しむことができる。

[3月]　　　いいクラスだったなあと思える
　　　　　　7月・12月と同様に「あなたはステキ」「いいとこみ〜つけた」などを実施し，気持よくこの学年をしめくくれるようにする。

年間の実施例

月	低学年	中学年	高学年
4	人間カラーコピー	お誕生日おめでとう 人間コピー	人間コピー ぼくらは建築家NO.1 ぼくらは建築家NO.2 ぼくらは建築家NO.3 人間コピー
5	スイスイさかな みんなあつまれ 　を1年をとおしてくりかえすとよい	先生ばかりが住んでいるマンション	先生ばかりが住んでいるマンション
6		私たちのお店やさん	私たちのお店やさん 編集会議
7		いいとこ　み〜つけた	あなたはステキ
9 10 11 12		なぞの宝島 いいとこ　み〜つけた	なぞの宝島 続・なぞの宝島 ぼくらの先生 みんなでつくる連絡票 あなたはステキ
1 2 3	いいとこ　み〜つけた	いいとこ　み〜つけた	みんなでつくる連絡票

Q2. 指導案形式のほうがわかりやすいのですが……

 学習指導案形式で作成したので参考にされたい。

特別活動指導案（学級指導）

日本学校GWT研究会

1. **題　材**　情報を組み立てることを素材としたGWT財

　　　　　　　「続・なぞの宝島」

2. **指導のねらい**　自分のもっている情報を，言葉によって確実にメンバーに伝える作業をとおして，話し合いでの大切な行動・態度に気づく。

3. **準　備**
   - ① グループへの指示書……………………………………1グループ1枚
   - ② 情報カード……………………………………………1グループ1セット
   - ③ 遺跡の平面図（白地図）………………………………1グループ1枚
   - ④ 遺跡の平面図（正解）…………………………………1グループ1枚
   - ⑤ ふりかえりシートAまたはB…………………………1人1枚
   - ⑥ 鉛筆・赤鉛筆…………………………………………1グループ各1本
   - ⑦ 記録用紙………………………………………………座席表付きがよい

4. **展　開**

時間	指　導　内　容	学　習　内　容	留　意　点
0分	・目的に応じたグループつくり。		・5～6人のグループにする。
1	〈指示書〉を配り内容を説明する。	・みんなで，1枚の〈指示書〉を読む。	・特に，約束を守るよう指示する。
	約束1　自分がもらったカードは，人に見せてはいけません。 約束2　カードに書いてある内容は，グループの人に言葉で伝えてください。 約束3　グループの人に質問したり，意見を言ったりする方法は自由です。 約束4　時間は20分間です。5分前，3分前になったら知らせます。		
	・〈情報カード〉を配布。	・〈情報カード〉を裏返しにしてトランプのようによくきって，みんなに全部配る。	・裏返しのまま配る。 ・全員にゆきわたったことを確かめて始める。 ・グループのなかでだれが配ったか見ておく。

5	開　始 「それでは始めましょう」 ・グループの話し合いの記録をとる。		・時間を計る。 ・グループの動き ・個人の動き ・グループの集中度などをチェックする。
20			・5分前の合図をする。
22			・3分前の合図をする。
25	終　了 「終わりにしてください」 **正解発表** ・〈正解の地図〉を配り，確認させる。		
27	ふりかえり ・〈ふりかえりシート〉を配り，書き方を説明する。	・説明を聴きながら，〈ふりかえりシート〉を書き込む。 ・グループ全員が〈ふりかえりシート〉に記入しおえたら，グループごとに，この課題達成の過程で起こったこと，そこから学んだことなどを話しあわせる。	・先にグループ用そのあとにメンバー用を記入する。
40	ま　と　め ・うまくいったグループを取り上げて，どうしてうまくいったかを説明する。		・ねらいに沿って，各グループの発表をもとに，まとめる。
45			

特別活動指導案（学級指導）

日本学校GWT研究会

1. **題　　材**　　情報を組み立てるGWT財

　　　　　　「色えんぴつを忘れちゃった（給食編）」

2. **指導のねらい**　一人ひとりが自分のもっている情報を正確に伝え，正しく聴くことの重要性に気づく。
　　　　　　多くの情報を集めてまとめるときの，グループの協力の大切さを学ぶ。

3. **準　　備**
   ① 色鉛筆（黄, オレンジ, 赤, 水, 黄緑, 茶）……………1グループ1セット
   ② 下　絵……………………………………………………………1グループ1枚
   ③ 情報カード（12枚）……………………………………1グループ1セット
   ④ 正解…………………………………………………………………1グループ1枚
   ⑤ ふりかえりシート……………………………………………グループ用1人1枚
   ⑥ 筆記用具………………………………………………………………各自用意
   ⑦ 記録用紙……………………………………………………座席表付きがよい

4. **展　　開**

時間	指導内容	学習内容	留意点
0分	目的に応じた　　　グループづくり。	・色鉛筆の用意。黄, オレンジ, 赤, 水, 黄緑, 茶各1本ずつの6本を人数で分ける。	・5〜6人のグループにする。
1〜	〈下絵〉を配る。財の内容を説明する。		
	さあ，おなかがすいてきました。もうすぐ給食です。でも，おいしい給食に色がついていません。これでは，おいしくありませんね。みなさんで協力して給食の色を調べてください。		
	〈情報カード〉の説明		
	色は，これから配るカードを調べていくと，だんだんわかってきます。でも，このGWTには約束があります。 約束1　これから配るカードは，裏返しにしてトランプのようによくきって，みんなに配ってください。 約束2　自分がもらったカードは，人に見せてはいけません。 約束3　カードに書いてあることは，グループの人に言葉で伝えてください。 約束4　自分がもった色鉛筆は，自分だけが使えます。色鉛筆を人に貸してぬってもらってはいけません。		
			・特に，約束を守るよう指示する。

		〈情報カード〉を配布。	・〈情報カード〉を配る。	・裏返しのまま配る。 ・全員にゆきわたったことを確かめて始める。 ・グループのなかでだれが配ったか見ておく。
5	**開　始** 「時間は20分間です。それでは始めましょう」 ・グループの話し合いの様子の記録をとる。	・〈情報カード〉を読みあい，色を相談し，ぬってゆく。	・時間を計る。 ・グループの動き ・個人の動き
20	・5分前の合図をする。		
22	・3分前の合図をする。		・グループの集中度などをチェックする。
25	**終　了** **正解発表** ・解答を黒板に貼り，各自の出来を確認させる。		・早く終わったグループには，もう一度〈情報カード〉を確かめされる。
27	**ふりかえり** ・〈ふりかえりシート〉を配り，書き方を説明する。	・説明を聴きながら，〈ふりかえりシート〉を書き込む。記入しおえたら，グループごとに，この課題達成の過程で起こったこと，そこから学んだことなどを話しあう。	・作業を途中でも，この後の「ふりかえり」の時間を確保するため，終わらせる。
40	**ま と め** ・うまくいったグループを取り上げて，どうしてうまくいったかを説明する。		・ねらいに沿って，各グループの発表をもとに，まとめる。 　正しく伝える。 　正しく聴く。 　協力とは。
45			

Q3. GWTは，どの教科でやったらよいですか。

 前著『学校グループワーク・トレーニング』（119ページ）「教育課程への位置づけ」にもあるが，教科学習との関連づけをはかり，授業の一環として位置づける必要があります。そこで，新学習指導要領をみてみると，学校GWTのねらいである「集団意識の養成」とつながる内容が「道徳」「特別活動」の中から読みだせます。

1．道　徳

小学校・中学校学習指導要領の第1章総則の第1「教育課程編成の一般方針」の2に，「道徳教育を進めるに当たっては，教師と児童・生徒及び児童・生徒相互の人間関係を深めるとともに，児童・生徒が人間としての生き方についての自覚を深め，豊かな体験を通して内面に根ざした道徳性の育成が図られるよう配慮しなければならない。また，家庭や地域社会との連携を図り，日常生活における基本的な生活習慣や望ましい人間関係の育成などにかかわる道徳的実践が促されるよう配慮しなければならない」[注1]とある。また，同じく第1章総則の第4（小学校）・第6（中学校）「指導計画の作成等に当たって配慮すべき事項」の2の(3)に，「教師と児童・生徒及び児童・生徒相互の好ましい人間関係を育て，児童・生徒が自主的に判断・行動し積極的に自己を生かしていくことができるよう，生徒指導の充実を図ること」とある。

2．特別活動

第4章特別活動において，その第2「内容」の「A学級活動」の項に，「(2)日常の生活や学習への適応及び健康や安全に関すること。不安や悩みの解消，基本的な生活習慣の形成，望ましい人間関係の育成，意欲的な学習態度の形成，健康で安全な生活態度の形成など」（小学校），「(2)個人及び社会の一員としての在り方，学業生活の充実及び健康や安全に関すること。青年期の理解，自己の個性の理解，個人的な不安や悩みの解消，健全な生き方の探求，望ましい人間関係の確立など」（中学校）とある。

以上から，本時目標やねらいのおきかたにより「道徳」「特別活動」での授業が可能であり，また「国語」「体育」「ホームルーム」「創意ある教育活動」[注2,3]による実践例もある。

注1）　文部省「小学校学習指導要領」，1988年
　　　文部省「中学校学習指導要領」，1988年
注2）　國分康孝編「構成的グループ・エンカウンター」誠信書房，1992
注3）　酒井緑「福井大学教育学部付属中学校研究紀要22号」，1990

Q 4．特別活動で授業研究するには，どうしたらよいですか。

  特別活動での実践例

研究テーマ 「自主的，実践的な態度の育成をめざした学級活動」
　　　　── 弾力的な指導の在り方をさぐる ──
課題 「内容（2）の指導において，自主的な活動をどのように取り入れるか」

1．課題のとらえ方

　学級活動と学級指導が統合され学級活動となった今，指導にあたる教師に求められているのは，「これは従来の学級会で扱う問題だから内容（1）で扱い，解決は子どもに任せよう，こちらは学級指導にあたる問題だから内容（2）で教師が指導しよう」といった固定的な問題のとらえ方や指導方法の見直しである。
　見直しの方向は，児童の実態に応じて，指導内容や指導方法に柔軟性をもたせることである。これを，ここでは弾力的指導ととらえた。指導内容や指導方法に柔軟性をもたせる視点としては，内容（1）の指導と内容（2）の指導の関連を図ること。もう一つは，実態に応じた指導内容，指導方法の工夫を図ることである。本提案は後者の実践である。

2．自主的な活動について

　指導の方法として，
① 資料の作成を児童の手で行う。
② 役割演技の手法を取り入れる。
③ 自主的な話し合いの場を設定する。
④ 実践の練習を取り入れる。
⑤ 評価の方法を児童が考えて行う，などの工夫がある。
　今回は，グループワーク・トレーニング「私たちのお店やさん」[注1]の手法で試みた。

3．学級経営案における学級イメージ「精神的に健康なクラス」とは

　できるだけ近づこうとしているクラス像は，
① 他の児童に勝つために課題に取り組むのはなく，全員が協力して課題に取り組む。
② 他の児童よりどれだけ優れているかではなく，過去の自分よりどれだけ伸びたか。
③ 成果をともに喜ぶ。
④ 失敗しても意欲を認めて勇気づける。
⑤ 各自が自分の行為に責任をとる。
⑥ 児童間に上下の差をつくらず，対等にする。
⑦ すぐに感情的になって混乱するのではなく，いつでも理性的に考えようとするのである。

学 級 活 動 指 導 案

指導者○○○○

1. 平成○年6月2日（月）第4校時
2. 学年・組　　第4学年○組　男17名　女19名　計38名
3. 題　　材　　「友達と協力しよう……GWT『私たちのお店やさん』を通して……」

　　　　　　　　　　　　　　　　　　　　　　　　［内容（2）エ―意欲的な学習態度］
4. 学級の実態と題材設定の理由

　　　3年生からの編成替えがなく，転入生もなく，持ち上がりの学級である。一人ひとりは，個性豊かで，じっくりと取り組むことの好きな児童もいるが，いろいろなことに興味を示して取り組んでみることが好きな活動的な児童もいる。給食当番，清掃活動などに，労をいとわず，進んで行っている。

　　　このような望ましい資質をもちながらも，授業中や話し合い活動では，挙手し，発言する児童はそれほど多くなく固定している。そこで，発言に関するアンケートを行ったところ次のような結果が得られた。

　　　※設問　①　一人で考えるのは好きですか。（個人思考）
　　　　　　　②　みんなで考えるのが好きですか。（集団思考）
　　　　　　　③　授業中，発表することが好きですか。（発言自信）
　　　　　　　④　授業中，発表することが好きでない人は，なぜ，発言できないのですか。

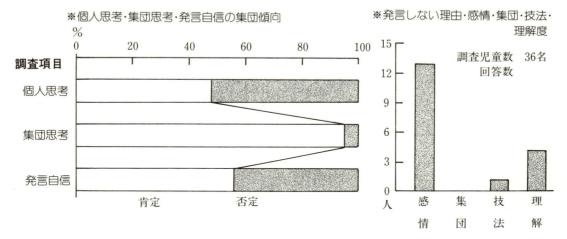

　　　この結果から，多くの児童が「みんなで考えることが好き」（集団思考）としながらも，「発言に自信がない」と回答している児童が半数近くいることがわかる。また，発言しない理由は，「文句を言われるから」「間違えるとひやかされる，笑われる」といった集団雰囲気の問題よりも「はずかしいから」といった個人の感情や，「言い方がわからないから」といった表現技術の問題に起因していることがわかった。

　　　「解決の方向性」へむけて，具体的な手だてとして様々なものが考えられる。たとえば，多くの学級で実践されている「朝の会」での「スピーチ」や「ニュース」

などは，皆の前で話す機会と話すことへの抵抗をとりのぞいたり，感情のときほぐしに効果的である。また，「話し方プリント」を活用することは，基本的な話法を習得させるのに役立つと思う。

本学級では，生活班や小グループによる「群読」「劇表現」「グループゲーム」などの学習経験を取り入れ，個人では体験できないよさや，学級全体だと主体的参加度が少なくなりがちな児童でも活躍できる場を設定してきた。そのことにより，学級集団の成長相は，第一相「遠慮・躊躇」，第二相「所属感」から第三相「影響しあい」の段階まで到達しつつある。しかし，第四相の「自己表現・相互作用・建設的意見」や第五相の「地位・役割・グループ精神」[注2]に近づくにはまだまだ遠く感じる。

その原因には，先のアンケートより意見交換がスムーズにできないことにある。人間関係をコミュケーションの観点から考察すると，7つのレベルに分けられる。①自閉，閉じこもりのレベル，②挨拶のレベル，③世間話のレベル，④情報伝達のレベル，⑤意見や判断のレベル，⑥打ちあけ話のレベル，⑦ありのままの自分のレベル，である。

そこで今回は，グループワーク・トレーニング（GWT）の手法を具体的な手立てとして取り上げ，意欲的な学習態度の育成を試みることにした。そのねらいは，自分のもっている情報を正確に伝え（④情報伝達のレベル）情報を集めてまとめ（⑤意見や判断のレベル）なければ課題が解決できなく，そして，〈ふりかえりシート〉を記入し，発表をすることによって，⑥の打ちあけ話のレベル体験[注3]をさせることである。そのことにより，児童の変容のための気づきに寄与できればと考えた。

この題材は，○○小学校特別活動教育課程の内容（2）の6年生の活動例を参考にしたため，4年生の発達段階からみると，時間的に窮屈な点と，ふりかえりに深みがでるかが不安ではあるが，④の情報伝達のレベルの体験は充分可能であると考えている。

5．本時目標

- 自分がもっている情報を正確に伝えることができる。
- 情報を集めてまとめるときに，協力の大切さについて気づくことができる。

6．本時の準備

教　師……〈解答表〉，〈ふりかえりシート〉1人1枚。
鉛筆1本・白地図・情報カード1グループ1セット。

7．展　開

児童の活動と内容	指導上の留意点
1．グループ班編成になり，学級の歌「友だちになるためにを」歌う。 2．課題と注意事項を聞く。	・歌うことにより雰囲気づくりをする。 ・ルールをわかりやすく説明する。

　道路をはさんで，お店が7軒ずつならんでいます。どんなお店が，どんな順序でならんでいるか，これから配るカードをもとに，みんなで話しあって，白地図にお店の名前を書き入れてください。
　これから配るカードは，自分の口で，ほかの人に正しく伝えてください。他の人に見せた

り，取りかえたりできません。そして，ほかのグループの人とも相談はできません。時間は，20分間です。	
3．「私たちのお店やさん」にグループで取り組む。 4．活動について〈ふりかえりシート〉をつかい，ふりかえる。 　・質問項目に答える。 ①グループの中で，自分の言いたいことを言うことができましたか。 ②グループの中の，ほかの人が言っていることをよく聞けましたか。 ③グループの人に，自分の話をよく聞いてもらえましたか。 ④今度，同じようなGWTをするときにあなたはどんなことに気をつけたらうまくいくと思いますか。 ⑤このGWTをして，思ったことや感じたことを書いてください。 　・グループ内で発表する。 5．活動のまとめをする。 　・グループ活動をするとき，どんなことを気をつけたらよいか話しあう。	・観察シートでグループの勢い，個人の動きをチェックする。 ・終了時間が過ぎても，もうすぐに解決できそうなグループは，成功体験ができるように時間を延長して取り組ませる。 ・早く課題解決をしたグループは，ふりかえりを始めさせる。 ・時間がないときは，教師のほうからプロセスをフィードバックし指摘をする。 ・グループ内で，トラブルがあった場合は，授業直後にカウンセリングをし，しこりを残さないようにする。 ・時間的ゆとりがあれば，〈ふりかえりシート〉6のみ数人に全体に発表させる。

4　実践をふりかえって

　児童の〈ふりかえりシート〉から，次のことが成果としてわかった。

「私たちのお店やさん」

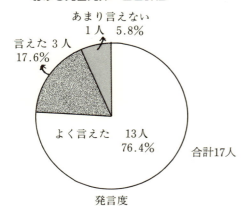

発言を好まない児童のGWTにおける発言発揮・自己評価
あまり言えない　1人　5.8%
言えた　3人　17.6%
よく言えた　13人　76.4%
合計17人
発言度

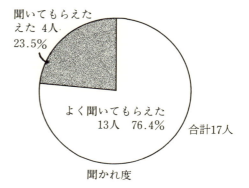

発言を好まない児童のGWTにおける発言の受け止め度評価
聞いてもらえた　4人　23.5%
よく聞いてもらえた　13人　76.4%
合計17人
聞かれ度

［質問①について］
・円グラフからわかるように，通常の授業で発言を好まない児童でも，「よく言えた」

「言えた」と回答したのが94％で，発言体験をほとんどできていたことにより本時目標にほぼ到達した。
　［質問③について］
・通常の授業で発言を好まない児童の「自分の話をよく聴いてもらえた」についても，「よく聴いてもらえた」「聴いてもらえた」と回答したのが全員で，自分の発言に対して受けとめてもらえた実体験ができたことがわかる。
　［質問④について］
・静かに順番にしゃべる。
・よく考えて落ち着いて人の話を聴く。
・人の話をよく聴いて，自分の言いたいことは，全部いう。
・みんなで協力する（自分の思ったことをみんなにいう。人のいっていることをよく聴く）。
・文句を言わない。
・協力しながら怒らないようにする。
・はっきりとした声で答える。
・よけいなことをしゃべらない。
・みんなで協力したり，考えたりすることをもっとやりたい。
・みんなで協力してできて，とても楽しかった。
・みんな自分の思ったことをよく言えた。
・楽しくて，おもしろい。またやって。
・協力してやるGWTでは，人のいうことをよく聴いて，自分で思ったことはすべて言わないとできない。
・あまり，はずかしがらずに言えた。
・班で協力したので，楽にできた。

注1）　坂野公信監修「学校グループワーク・トレーニング」遊戯社，1989
注2）　柳原光編「CREATIVE O. D. I」プレスタイム，1976
注3）　坂野公信「人間開発の旅」遊戯社，1981

Q5．40人を観察するのはむずかしいと思うのですが，どうしたらよいのですか．

A 確かに，40人を観察するのはむずかしいです．しかし，以下のことを常に意識して観察を続けていくと，見えてくることが多くなるでしょう．

1．なにを観察するのか ―― 1)をとおして2)・3)を知る ――
1) 子どもたち一人ひとりの行動，発言内容，しぐさ，表情，声の調子．
2) 子どもたち一人ひとりの感情や気持の流れ（ものの見方，考え方，価値観，欲求，こだわり，動機など）．
3) GWT 実施中の各グループの動き（グループ・プロセス）．課題解決への働きかけ，子どもたち同士のかかわり方．

2．なぜ観察するのか ―― よりよい援助をするための観察 ――
1) あくまで子どもたちの主体性を尊重しながら，援助・勇気づけを行うため．
2) ふりかえりのときに，よかった点，もっとこうするとよい点などを詳しく伝えるため．グループ同士の勝ち負けにこだわってしまう子もいる．それだけではないことに気づかせる．
3) 参加者が気づく以上のデーターを集めておかないと，あとのコメントが単なる一般論の講義になってしまう．

3．ポイントを決めよう① ―― これが大事 ――
1) 財のねらいにそって観察する．
　GWTを実施する際，重要なことは，ねらいを決め，それにあった GWT 財を選択することである．ねらいが達成されているかどうかをポイントに，観察する必要がある．
2) 〈ふりかえりシート〉の項目にそって観察する．
　財のねらいを，より具体的にするために，実際に子どもの用いる〈ふりかえりシート〉の項目にそって観察するのもよい．

4．ポイントを決めよう② ―― 40人を一度にみようとしない ――
1) 1つのグループに的をしぼって観察する．
　班活動をしているところでは，気にかかる班があるかもしれない．そこを中心に見て，問題点や解決策を考えていく．逆に，実施中の進行の仕方が非常によい班を中心に見て，そのよい点をふりかえりで生かしていくこともできる．ただし的をしぼるといっても，他の班をまったく観察しないということではない．
2) 特定の子どもの動きを追う．
　ふだんのグループ活動で，あまり積極的でない子がいたとしよう．しかし，GWT 実施中によく見ていると，本当は考えていることがたくさんあることや，ふだんは分からなかった表情やしぐさに気づくことがある．また，何回か GWT をしていくと，子どもたちのふりかえりの中で，名前のよくあがってくる子，そう

でない子が決まってくることもある。(実際はそうならないことが目標である)そのようなときに，名前のあがらない子をよく見ていて，子どもたちの気づかなかった点を教師のほうで認めて知らせる。

5．〈ふりかえりシート〉で見る

　　実施中にすべてが見られなくても，〈ふりかえりシート〉でわかることもたくさんある。保存をしておき，同じ財を実施したときや，学年末にも，活用したい。

6．観察するときは必ず記録をとろう

　　〈観察シート〉として，次のものを用いることが多い。活用されることをおすすめする。「はたした機能」については，149頁を参考にしていただきたい。

観察シート（匿名　　　　　）　年　月　日　記録者　　　　　　No.____

時間	発言者	発言内容	はたした機能	発言しない人の動き	気づいたこと

（着席表）

㊝ 机

メンバーの名前
A. _____
B. _____
C. _____
D. _____
E. _____
F. _____
G. _____
H. _____

観察シート（略称 なぞの宝島 ） 5年7月11日　記録者 佐藤　　No. 1

(着席表)

```
 □ 教卓
     A
  E 机 B
  D  C
```

メンバーの名前
A. 石原
B. 高橋
C. 上西
D. 小林
E. 北山
F.
G.
H.

時間	発言者	発言内容	はたした機能	発言しない人の動き	気づいたこと
11:40	A	だれから読む？（情報カード）	P	表情や態度	Aは地図3目で、このこ、C、Dはよみづらい
	B	ジャンケンにしようか	P		
	A	時間がないからぼくから	P		
ポイントにいる		いい？			
時間を書く	B→D	うん、いいよ			
(発問があった時など)	A		M	C、E何も言わない	C、E、Dメダは順番並びで読む
	B	よむ		自分のカードを読んでいる	
	C				
	E→C	なんて言ったかよくわからない	M	（よくきいて）	→イライラしてかんじ
	B	もう1回よめば？	M	理解する	
	C	よみ直し			
	D	よむ			発言ばかりでなく
	E				感情にも気をつけて観察していこう
11:45	B	にているカードがある	P		
	A	でてきたものをいってみよ	P		
	E	あくまの森がある	P	Eがこともみる	
	C	わたしにもあってるけど…	P	（他の人は自分のカードを探す）	
			(事象の把握)		

※はたした機能は、活動のあとでつけていくとよい

Q6．機能的リーダーシップって，なんですか。

　　グループの話し合いのとき，グループのメンバーの一人ひとりが，適切で効果的な行動を取ることが大切です。このとき一人ひとりが担うべき役割を大きく２つの機能に分類したものが「機能的リーダーシップ」です。話し合いをふりかえるとき，この機能的リーダーシップの観点でふりかえるとよいと思います。
　　機能的リーダーシップの機能には「課題達成機能」「集団維持機能」の２つがあります。

1．課題達成機能（Performance 機能）
　　　　「グループが取り組んでいる課題をうまく解決できるようにする働き」である。
　　　　これは「情報や意見を引き出す働き」「意見をまとめて，結論を出す働き」「役割分担」の３つに区別できる。

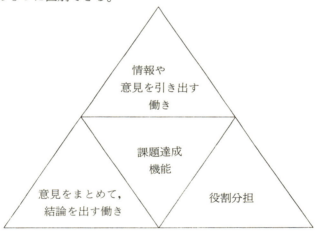

PA．情報や意見を引き出す働き
　① 話し合いの目的をはっきりさせたり，話し合いの進め方を決める。
　② 課題についての情報を出し合い，全体の様子（状況）や条件についてメンバー全員が理解する。
　③ 課題を解決するのに役立つ新しい意見や解決の方法を，みんなから出してもらうように働きかけたり，自分も意見を出したりする。
　④ 課題を解決するのに役立ちそうな自分の体験や自分の知っていること（知識・情報）を話したり，みんなにも話してくれるように働きかける。
　⑤ みんなが出した意見の一致するところを確認する。
　⑥ 話し合いが行きつまったとき，話し合いのすすめ方について別のやり方を提案する。

PB．意見をまとめて，結論を出す働き
　⑦ 課題を解決する方法を，すじみちを立てて考え，話が脱線することのないように努める。
　⑧ いろいろくい違う意見が出たとき，どこが違うのか，なぜ違うのかをはっきり

させる。
⑨ 話し合いのすじみちがよくわからなくなったとき，それまで話しあってきたことの中心になっていること，いちばん大切なところをはっきりさせる。
⑩ いろいろ違った意見が出たとき，多数決できめないで，違った意見を何とかひとつにまとめて，全員が納得できる結論を出す。

PC．役割分担
⑪ 話し合いの進行を進める司会者の役割をする。
⑫ 話し合っていることの記録をとる。
⑬ 時間どおりに終わるよう気を配る。

2．集団維持機能（Maintenance 機能）

「グループのメンバーが互いに気持ちよく協力しあえるように気を配る働き」である。これは「気持ちよく意見が言えるように気くばりする働き」「意見を言わない人に気くばりする働き」「意見を言い張る人に気くばりする働き」にわけられる。

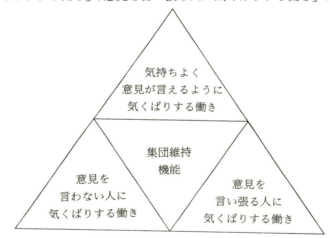

MA．気持ちよく意見が言えるように気くばりする働き
① 誰かが発言したら相づちを打ったり，その人の考え方をほめたり，もっと話すように元気づける。
② 発言の意味がよくわからないときは質問して，その人の考えを理解しようとする。

MB．意見を言わない人に気くばりする働き
③ 緊張してかたくなったり，気おくれして（引っ込み思案で）なかなか意見が言えない人に声をかけて，意見を言いやすくしてあげる。
④ グループの中でひとりぼっちになっている人や，関係ないことをしている人がいたら，声をかける。

MC．意見を言い張る人に気くばりする働き
⑤ 互いに意見を言い張ってゆずらないとき，言い張ることをやめさせたり，ゆずらせたりして話をまとめる。
⑥ 互いに気分をこわしている人がいて，グループの緊張がまずくなったとき，みんなの気持ちをやわらぐようにとりなしたり，ユーモアを言って笑わせたりする。

Q7．低学年についても，有効なのですか。

 有効です。

「すいすいさかな」の場合

　　文句なく楽しい。基本的にはやり方が簡単なので，失敗することはない。また，教師の助言なく，色によって折り紙を張る場所を工夫したり，はさみで切って折り紙の形を工夫したり，魚の目にまゆをつけたりするなど，子どもたちはその創意工夫の能力をいかんなく発揮する。水色の模造紙を用意して海にみたて，早くできたグループから好きな所に自分たちの魚を泳がせるようにする。そうすると，子どもたちはまわりに色とりどりの石や海草を描いたり，余った折り紙で飾りつけをしたりして，ほかのグループがおわるのを楽しく待っていることができる。

　　そしてグループごとの満足感におわるのではなく学級全体の一つの作品をつくりあげた満足感を得ることができる。したがって，この財の実施は学期始めの係活動のシンボルづくりとして行い，学期ごとのめあてなどの掲示に生かすようにするとよい。

「人間コピー」の場合

　　進級時に人数減の学級解体が行われた2年生で，4月に実施したところ，ある男の子がこんなことを言ってきた。「○○ちゃんは1年生のとき，ほとんどは話さなかったんだよ。ぼく初めて聞いちゃった。かわいい声だったなあ」と。これがきっかけとなって，この男の子はこの女の子に話しかけるようになった。また，教師側からは，どの子どもが細かいことにまで目がいくのか，友だちのよいところを見つけるのが上手なのか，などといったことがわかり，以後の学級での子どもの生かし方のヒントになった。

　　7月のお楽しみ会では，ゲーム係がプログラムの一部を企画し，「人間コピー」を行った。かなり複雑な絵をかいていたがみんな楽しく活動することができた。このとき，ゲーム係は，がんばったで賞という賞をつくって，1グループに一人ずつ選んで表彰するなど，意欲的に楽しく過ごす工夫をすることができた。

「みんなあつまれ！」の場合

　　1年生のひらがな学習がおわった時期に，「それを記念して」というきっかけで実施した。それ以後席替えをするたびに，生活班でやる最初の力をあわせる仕事として，この財を位置づけた。道具の数が制限されているこのゲームでは，はじめてうまくいかないもどかしさやいらいらを子どもたちは体験する。しかしその中でゆずりあいや，役割分担に気づく子どももいる。

　　第1回目は必ず時間内におわらないグループがでてくる。決してできなかったことを指摘せず，時間内にできたグループにどうしてできたかを発表させることによって，ゆずりあいや役割分担に気づかせていく。この財は2回目以降，子どもは必ず役割分担をするようになる。張り方にも工夫をこらすようになる。早くおわったグループには，グループ名をつけさせたり，めあてをつけさせたり，まわりを飾ら

せたりすることによって，ほかのグループを待たせる態勢をつくるとよい。飾りなどのレイアウトを考えながら財に取りくむようになる。カタカナ編をつくったり，字を小さくしたりするなどして難易度を加えていくとマンネリ化することが防げる。

次のようなことに注意するとよいと思います。

1．みんなでやることの楽しさを十分に体験させる。

楽しくおわるようにする。そのためには，活動中のつまずきはその場で教師が手助けをしてできるだけ解決して進ませるようにする。そのときにずばり解決策を子どもに与えるのではなく，ヒントや選択肢を与えて子どもの決定によって解決させるようにすることが大切である。

その財中の子ども一人ひとりの活動のよさをできるだけたくさん見とり，広めるようにする。子ども同士で見つけたよさを見つけたその子自身のよさとして認めるようにするとよい。教師だけでなく，ほかの仲間から認められることの嬉しさは子どもにとってひとしおである。

みんなの作品を大々的に協力のシンボルとして掲げる。教室環境のひとつに加えれば，みんなでやったことの楽しさを常に思い出せるようになる。そのときの気持ちを教師が大切にすれば，「やってよかった」「またやりたいな」という気持ちを子どもたちも大切にする。

2．同じ財をくりかえし実施する。

いろいろな財を実施するよりも同じ財をくりかえし実施する方が，子どもたちは「協力」を具体的に体験することができる。そのために低学年では，ふりかえりは財の実施直後にするよりも，次に実施するときの前に，「作戦タイム」といった形で位置付けていくとよい。子どもたちは「作戦タイム」という言葉に心ときめく。

「このあいだやったときは……」と自然な形で子どもたちは前回のふりかえりを行うことができる。その内容は，「のりは1つしかないから」とか「順番にやろう」といったやり方や役割分担に関することである。したがって，その「作戦タイム」のくりかえしの中で，徐々に役割分担を行うことができるようになる。この役割分担こそが「協力」の第一歩である。

また，同じ財をくりかえすことによって，子どもたちは余裕をもって活動に取りくむことができるようになる。余裕がもてるようになると，できあがりに見通しがもてたり，時間を気にするようになったり，より楽しい工夫を思いついたりできるようになる。「それ，いい考えだね」と互いに見つめあえる余裕も出てくるようになる。

「協力」を機械的に学ぶだけでなく，楽しめるようになるのである。

Q8.〈ふりかえりシート〉の使い方は？

　　GWTを実施したあとには，今の活動での自分の行動やグループの様子などをふりかえります。そのとき，自分の気がついたことや考えたことを文字にあらわすことでより明確にして，強い印象として心に残すため，一般的には〈ふりかえりシート〉を使用します。したがって〈ふりかえりシート〉はそのときに応じて有効に使ってください。

1．ねらいにあった項目を設定しよう。

　　ふりかえりを行う際，財ごとについている〈ふりかえりシート〉を使用する。しかし，必ずそのシートを使わなくてはならないということはない。望ましいふりかえりは，教師のもつねらいにそったものである。そこで無理にすべての項目を使わずに，ねらいにあったものを選ぶとよい。低学年では，「今度やるときは，どんなことをがんばりますか」など文章による記述を削除するのもよいだろう。このようにクラスの実態や子どもの発達段階によって〈ふりかえりシート〉を工夫してほしい。

2．ふりかえりは，よいところを書く。

　　前著『学校グループワークトレーニング』に載っている〈ふりかえりシート〉に

だれに	してほしいこと

という項目がある。

　これは子どものもっている不満を引き出して把握したり，子どもが気づかなかったことを知り，事後の措置に役立てたりすることを目的として設定した。しかし，
　「○○さんが話を聞いてくれなかったから……」など，悪い面をさがすふりかえりに陥ってしまい，その思いがあとにも残ってしまう。そこでふりかえりを書かせるときは，
　「○○さんが～してくれてよかった」
　「○○さんにもっと～してあげたい」などに着目させるとよい。それによって，友だちへのよりよい関わり方に気づいていける。

3．ふりかえりは子どもが主体。

　　先にも述べたが，GWTを実施する場合，教師は「この財によってこんなことに気づいてほしい」というねらいをもって取り組んでいる。そして，ふりかえりを行ってみると，子どものふりかえりが教師の意図したレベルに達していないということである。子どもの気づきは発達段階によって個人差があるので，無理に教師のもつねらいのレベルまで引き上げようとしなくてもよい。無理に引き上げようとして，いろいろな言葉をかけたり，考え直させたりすると，子どもは混乱し，せっかく気づいていた部分もわからなくなってしまい，結局マイナスで終わってしまうことになる。
　　教師は，子どもの気づきのレベルでそれを認めて，その気づきが子どもの日々の

生活にどうあらわれてくるかを見守ってあげたいものである。

4．不満の残っていそうな子どもには，必ず言葉がけをしよう。

　　　　ふりかえりを行っていると，必ずしも良いことだけが書かれているわけではない。なかには，「つまらなかった」「あまり意見が言えなかった」といったことも書かれている。また，実施中の様子を見ていても，グループに積極的に加われていない子どもも見られる。
　　　　そういった子どもは，心に何かひっかかりが残ったまま終わってしまっていることが多い。不満が残っていそうな子どもに対しては，学級のほかのグループ活動（グループ学習・掃除当番・給食当番など）の場面でよいところをほめたり，「○○さんのやったことは，グループのこんなことに役だったね」などの言葉がけを，日々の活動の中で繰り返していくことが大切である。

5．低学年でふりかえりをするときに

　　　　低学年，特に1年生では，ひらがなを読むことはできても書くことの困難な子どもが多い。そんな時期に無理に〈ふりかえりシート〉を記入させると，せっかく楽しく活動できても，ふりかえりを書くことの困難による拒絶が，そのままGWTへの拒絶になってしまうことも考えられる。また，思いや考えはたくさんあるのだが，文字にするとそれが半分もあらわれてこないこともある。
　　　　このようなことを考えると，低学年では，必ずしも〈ふりかえりシート〉を使ってのふりかえりを行わなくてもよい。ここで「スイスイさかな」を例にあげてみよう。この財には，「みんなでするからおもしろい，楽しいということに気づく」というねらいがある。そこでふりかえりは，
　　　「みんな楽しくできましたか」
　　　「みんなで楽しくできたから，かわいい魚がたくさんできたね」
　　　「仲良くできてとてもよかったね」
など，プラスの評価でまとめる。このように，思いや考えを自由に発表させる中でよい考えをおおいにほめたり，問題点をみんなで考えていくことも，ふりかえりのひとつの方法である。

6．書いたあとの〈ふりかえりシート〉は

　　　　〈ふりかえりシート〉を書く際，どんなに配慮しても友だちやグループのマイナス面を書いてしまう子どもがみられる。子どもの抱いた不満が手元に残ってしまうことは望ましくないので，〈ふりかえりシート〉は，記入後も子どもには返さず，教師が実施の財ごとに保管しておくとよい。
　　　　その際，簡単に集計してまとめておくと，子どもの気づきの変化や，成長の様子がよくわかる。そうすることで，教師にとってもふだんは見られない子どもの気持や考えを知ることができる貴重な資料となる。それを生かし，望ましい学級づくりができることを願っている。

Q9.「コンテント」と「グループ・プロセス」とは，なんですか。

A 確かにはじめての方はよくわからず，とまどわれることと思います。ご説明しましょう。

1．コンテントとは

グループ討議や話し合いをしているときの討議の中味や，グループ活動の内容のことをいう。「情報を組み立てるGWT」でいうと，互いに伝えあっている情報や，その情報を解釈し，組み立てていく作業がコンテントである。「この情報の意味がよくわからなかった」というのは，コンテントのふりかえりである。

2．グループ・プロセスとは

話し合いやグループ活動をしているメンバーの間に起っているさまざまな事柄のことをいう。具体的にいうと，次のようなことである。

① メンバー一人ひとりの感情の動き。簡単にいうと，Aの発言に対してBは好意をもったのか，反発を感じたのかということである。

昔から「情から入って，理に抜ける」という諺があるが，これは気持が通じあわないと正当な理屈もとおらないということである。反発する気持があると，「あなたの言うことは正しいと思う。だけど，あなたが言うから認めたくないんだ」ということになってしまう，というのである。

感情の動きに気づかず放置すると，グループに悪い影響を及ぼす場合があるので早く解消させなければならない。特に，討議が堂々巡りになるのは，感情的に対立しているのだが，それを言うのは大人気ないと考えて，理屈を言いあっていると解釈して，感情の対立を解消する手を打つことが必要である。

これはプロセスの中でいちばん重要でありながら，いちばん見過ごしがちなものである。

② 役割や集団機能の分担。司会者，書記，タイムキーパー，○○係などの役割分担をはっきりさせることはもちろんであるが，プロセスを観察するときには，機能的リーダーシップが，どのように分担されているかということが重要になる。「機能的リーダーシップ」については146頁をご覧いただきたい。

③ そのほか，グループ活動の目標や課題をみんなよく理解しているか，メンバー同士はしっくり結びついているか，サブ・グループができて対立していないか，仲間はずれになっているメンバーはいないか，コミュニケーションの質と量は十分か，互いにどのように影響しあっているか，目標や課題を達成する手段をみんなで考えたか，グループの意志決定はどのようなやり方で出されたか，グループにはどのような不文律があるか，などもプロセスである。

3．「子どもたちへの願い」の実例から

本書で紹介したGWT「子どもたちへの願い」を，司会者を置いて8人のメンバーでディスカッションした場面の一部を観察記録から拾ってみよう。ただし，録音テ

ープから起こした逐語記録ではないので，コンテントは大筋しか書いていない。

コンテント	プロセス
（前　略）	（ここまでBとHは発言が少ない）
C：健康体力はあとで気づいたから3位にしているけど1位から3位まで，とくに順位はない。	
E：BさんとHさんは？	・門番（集団維持の機能。以下，かっこ内は筆者の解説である）
B：腕白でもいいというくらいだから，頭悪くても健康なのがいいのでは？	
H：今の自分の子どもたちは元気だから健康のことは考えなかった。	
F：体力があってたくましくないとだめなのか。	・少し不満そう。
B：人間，からだが資本だから……。	
F：じゃあ障害をもった子どもはどうなる。体力があってたくましくないとだめというのは差別だ。健康で体力があるのを入れるのは反対。	・やや語気が荒い。 ・Bはむっとした表情。
A：障害があっても，病気でなければ健康と考えて…….	・とりなす感じ（集団維持の機能）。
F：体力とかたくましさは重要じゃないと思う。	・強く主張，Bは椅子にもたれ下を向く。
C：いや，精神的なたくましさも考えられる。	
D：たくましい子は人を蹴落とすんじゃないか。	
E：たくましくなくても親切な子がいい。Bさんの正義感というのは？	・健康から話をそらそうとしている（課題達成の機能であるが，意図は集団維持であろう）。 ・Bは反応せず下を向いたまま，このあと11分20秒沈黙。 ・司会者はなにも言わず。
G：自己表現ができるのもたくましさのうちでは？	
A：体力という言葉を抜いて，精神的なたくましさ，内面的なものということで健康を入れたらどうか。	・意見の一致を見出そうとする。（課題達成の機能） ・F返事せず，他のメンバーもはっきり返事せず。
D：候補として置いておくことにしよう。	・棚上げして次に進めようとする（課題達成の機能）。
A：Gさんの言った自己表現も重要なのでは？ （後　略）	・話題を変える（課題達成の機能） （このあとFはBが討議に復帰するまで発言せず）。 （結局「健康」は3位になった）。

4．この場面でのプロセスのポイント

　①　Fが「体力があってたくましくないとだめなのか」と言ったとき，司会者はFの口調に気づいていなかった。司会者かメンバーの誰かが「Fさん，少し感情を

— 156 —

害しているような感じがするんだけど」とFの〝感情を聴いて〟みれば違った展開になっていたであろう。
　〈ふりかえり〉でのFの話では「子どもの頃からだが弱くて，いじめられっ子だった」そうで，それで「体力のあるたくましい子という言葉にカチンときた」ということであった。
② 　Bは，Eに声をかけられて発言したとたんに「差別だ」といわれ，「頭にきて，もうなにも言わんぞ」と思ったという。
　Bの11分20秒の沈黙を気にしていたのはFとEだけで，Eは「きっかけを見つけて引き戻そうと考えていた」そうである。他のメンバーと司会者は，「Bは無口な人だから」としか見ていなかった。
　EはBの動きを気にして，Bをグループに引き戻すことは考えているが，その前にBの〝感情を聴こう〟とはしていない。
③ 　ここでBが「Fの発言は不愉快だ。差別というのは言い過ぎだと思う」と率直にいえば，Fも「ごめん，言い過ぎた」とあやまり，「が，実は子どもの頃に……」と，話がすすんでいって，みんなの納得する結論が出たのではないだろうか。
④ 　Fは，Bが黙ったのをみて，「言い過ぎたと後悔し落ち込んだ」という。Bが討議に加わるのをみて，やっと安心してグループに戻れたということである。
　Fの沈黙には司会者も気づいていたが，どうすればよいのかわからなかったという。ここでも誰もFの〝感情を聴こう〟としていない。プロセス無視である。Fも自分からBに問いかけてみればよかった。

5．プロセスを大事にしよう

　この例のように，メンバーの感情を見過ごすと，まとまるものもなかなかまとまらなくなってしまう。
　お互いにコンテントだけに気をとられず，プロセスに配慮し，互いに感情的にならないで自分の感情を率直に表明すれば，まとまりのよいグループ活動が展開できるのである。〝パティシペイターシップ〟が重要だというのはこのことである。
　（パティシペイターシップについては『学校グループワーク・トレーニング』を参照）。

Q10. GWTに参加しない子どもがいたら，どうしますか。

　それぞれのGWT財は，子どもが興味をいだき，思わず熱中してしまうように考えてつくられています。しかし，どうしても参加したくないという子どもがでてきてしまう可能性はあります。

1．その子の気持を大切にする

　GWTを行うときの教師側の姿勢として基本的には，子どもが参加する，しないという選択の自由を保障したい。しかし，授業の場では子ども一人ひとりの自由意志にまかせるわけにはいかないのが現状だ。だからといって，無理やり実施したとしても，課題解決に協力しようという意志がまったくなければ，GWTは成立しない。

　そこで，子どもの気持を大切にしながら，どのように対応したらよいのかを考えてみよう。参加したくないという子どものタイプを次の3つにわける。

　Ａ．「そんなのやりたくないよ！」と声をだして言う子ども。
　Ｂ．参加したくないという意志表示もしないが，〈情報カード〉などが配られてもなにも反応しない子ども。
　Ｃ．配られた〈情報カード〉を捨ててしまうなど，完全に拒否する子ども。

2．Ａタイプの場合

　とりあえず，今すぐ行うことをさける。やりたくない理由をよく聴き，その気持ちを理解するようにつとめる。次に，なぜ先生がGWTをやりたいのか再度説明し，理解をもとめる。必要なら，ほかの子どもにも意見をうながして協力をもとめる。それでもだめなら，一時中止をし，再度機会を待つ。

3．Ｂタイプの場合

　グループのメンバーによる働きかけをよく観察し，ふりかえりの中で，本人の気持ちや考えを引き出すように工夫する。グループのメンバーは，課題が達成できないために，拒否している本人を責めるような気持になるが，攻撃的な発言はできるだけおさえるように配慮する。

4．Ｃタイプの場合

　このような子どもがでてくるのは，ふだんの先生やクラスのメンバーとのかかわり方から，ある程度は予測できるはずだ。予測していても，あえてGWTを実施したいという場合には，先生側にもそれなりの意図があるわけだ。それはきっと「クラスの仲間から離れている子どもをGWTによってなんとかしたい」というような考えであろう。

　その場合，実施したGWT財のねらいとは別に，拒否した態度そのものをふりかえることがよい。グループのメンバーにも，拒否した子どもが，なぜそのような行動をしたのか，なぜそのような気持ちになったのか，ということを中心に一緒に考えてもらうよう協力を求める。それは，拒否した子どもの気持ちを理解していく一

歩になるからである。

5．GWTを実施する以前の問題として

　いずれのタイプについても，GWTを行う以前の問題として，ふだんからの先生と子どもたちやクラスの子どもたち同士の人間関係が，正常に機能しているかということもふりかえってみる必要があると思う。

　たとえば，先生が「何か新しいことをやろう」と提案したことに対して，「う～ん，おもしろそうだからやってみよう！」というように，子どもたちに受け入れてもらえる素地をつくっておくことが最低限必要であろう。

日本学校 GWT 研究会

研究会の目的

　　日本学校 GWT 研究会は，成人を対象として開発され，さまざまな分野で利用されてきた GWT の有効性を認め，GWT を学校教育の中にとりいれていくことを目的として，発達段階に応じた，学校 GWT 財の研究開発を目的としています。

研究会の活動

　　この会が発足して7年になります。1987年にはじめての本を出してから，「GWT を経験してみたい」という声が多く聴かれるようになりました。そのため，新しい GWT 財の開発を行う一方で，年2回の講習会を主催したり，さまざまな研究会のグループの研修会，または初任者研修，教育委員会主催の子ども向けの会などの依頼で講師を派遣して，GWT の普及につとめています。

　　なお，1996年，横浜市学校 GWT 研究会の名称を日本学校 GWT 研究会に変更しました。

会員名簿（1994年2月現在）

［顧問］
坂野　公信　　人間開発研究所

［会員］
石井　幸子	上大岡幼稚園	佐藤久美子	横須賀市立鶴久保小学校
石原由紀子	秦野市立堀川小学校	高橋　幸子	横浜市立大豆戸小学校
笠井　健一	東京学芸大学附属小金井小学校	立山　伸子	横浜市立いぶき野小学校
上石　厚志	横浜市立菅田小学校	丹波　悟亮	横浜市立永谷小学校
北見　俊則	横浜市立野庭中学校	西牧　筆子	横浜市立岡津小学校
國武　恵	横浜市立本町小学校	三上　吉洋	横浜市西本郷小学校
小林　薫	子ども会育成会会員	安村　緑子	横浜市立中尾小学校
小宮　民子	横浜市立鴨志田第一小学校		

※この作品は，1994年4月に株式会社遊戯社より刊行されたものです。

協力すれば何かが変わる
続・学校グループワーク・トレーニング

2016年 4 月 1 日　初版第 1 刷発行　［検印省略］
2024年 9 月20日　初版第 9 刷発行

著　者　日本学校グループワーク・トレーニング研究会©
発行人　則岡秀卓
発行所　株式会社 図書文化社
　　　　〒112-0012　東京都文京区大塚1-4-15
　　　　Tel.03-3943-2511　Fax.03-3943-2519
　　　　振替　00160-7-67697
　　　　http://www.toshobunka.co.jp/
印刷・製本　株式会社平文社

乱丁・落丁本の場合はお取り替えいたします。
定価はカバーに表示してあります。
ISBN978-4-8100-6675-3　C3337

JCOPY〈出版者著作権管理機構　委託出版物〉
本書の無断複写は著作権法上での例外を除き禁じられています。
複写される場合は，そのつど事前に，出版者著作権管理機構
　（電話 03-5244-5088, FAX 03-5244-5089, e-mail: info@jcopy.or.jp）
の許諾を得てください。

ソーシャルスキル教育の関連図書

ソーシャルスキル教育で子どもが変わる ［小学校］

國分康孝監修　小林正幸・相川充 編　　　　　B5判 200頁　**本体2,700円**

友達づきあいのコツとルールを楽しく体験して身につける。①小学校で身につけるべきソーシャルスキルを具体化、②学習の手順を段階化、③一斉指導で行う具体的な実践例、をまとめる。

実践！ ソーシャルスキル教育 ［小学校］［中学校］

佐藤正二・相川充 編　　　　　　　　　　　B5判 208頁　**本体各2,400円**

実践の事前，事後にソーシャルスキルにかかわる尺度を使用し，効果を検証。発達段階に応じた授業を，単元計画，指導案，ワークシートで詳しく解説。

育てるカウンセリング実践シリーズ②③
グループ体験によるタイプ別！学級育成プログラム ［小学校編］［中学校編］

－ソーシャルスキルとエンカウンターの統合－

河村茂雄 編著　　　　　　　　　　　　　　B5判 168頁　**本体各2,300円**

●主要目次：心を育てる学級経営とは／基本エクササイズ／学級育成プログラムの6事例

いま子どもたちに育てたい
学級ソーシャルスキル 〔小学校低〕〔小学校中〕〔小学校高〕〔中学校〕

河村茂雄・品田笑子 ほか 編著　　　　　　　B5判 208頁　**本体各2,400～2,600円**

「みんなで決めたルールは守る」「親しくない人とでも区別なく班活動をする」など，社会参加の基礎となる人間関係の知識と技術を，ワークシート方式で楽しく身につける。

●主要目次：学級ソーシャルスキルとは／学校生活のスキル／集団活動のスキル／友達関係のスキル

社会性を育てるスキル教育35時間　小学校全6冊／中学校全3冊

－総合・特活・道徳で行う年間カリキュラムと指導案－

國分康孝監修　清水井一 編集　　　　　　　B5判 約160頁　**本体各2,200円**

小学校1年生で身につけさせたい立ち居振る舞いから，友達との関係を深め，自分らしさを発揮しながら未来の夢を探る中学3年生まで。発達段階に応じてこころを育てる。

学級づくりがうまくいく
全校一斉方式ソーシャルスキル教育 ［小学校］

－イラストいっぱいですぐできる指導案と教材集－

伊佐貢一 編　　　　　　　　　　　　　　　B5判 168頁　**本体2,500円**

全校一斉方式だから，学校規模で取り組みやすい。①いつもの全校集会をアレンジするだけ。②毎月の生活目標と連動させれば効果UP。③1回だけのお試し実施や，学年集会での実施も。

図書文化

※定価には別途消費税がかかります

構成的グループエンカウンターの本

必読の基本図書

構成的グループエンカウンター事典
國分康孝・國分久子総編集　Ａ５判　本体 6,000円＋税

教師のためのエンカウンター入門
片野智治著　Ａ５判　本体 1,000円＋税

エンカウンターとは何か 教師が学校で生かすために
國分康孝ほか共著　Ｂ６判　本体 1,600円＋税

エンカウンター スキルアップ ホンネで語る「リーダーブック」
國分康孝ほか編　Ｂ６判　本体 1,800円＋税

構成的グループ
エンカウンター事典

目的に応じたエンカウンターの活用

エンカウンターで保護者会が変わる 小学校編・中学校編
國分康孝・國分久子監修　Ｂ５判　本体 各2,200円＋税

エンカウンターで不登校対応が変わる
國分康孝・國分久子監修　Ｂ５判　本体 2,400円＋税

エンカウンターでいじめ対応が変わる 教育相談と生徒指導のさらなる充実をめざして
國分康孝・國分久子監修　住本克彦編　Ｂ５判　本体 2,400円＋税

エンカウンターで学級づくりスタートダッシュ 小学校編・中学校編
諸富祥彦ほか編著　Ｂ５判　本体 各2,300円＋税

エンカウンター こんなときこうする！ 小学校編・中学校編
諸富祥彦ほか編著　Ｂ５判　本体 各2,000円＋税　ヒントいっぱいの実践記録集

どんな学級にも使えるエンカウンター20選・中学校
國分康孝・國分久子監修　明里康弘著　Ｂ５判　本体 2,000円＋税

どの先生もうまくいくエンカウンター20のコツ
國分康孝・國分久子監修　明里康弘著　Ａ５判　本体 1,600円＋税

10分でできる　なかよしスキルタイム35
國分康孝・國分久子監修　水上和夫著　Ｂ５判　本体 2,200円＋税

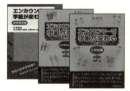
エンカウンターで学級が変わる
（小・中・高）

多彩なエクササイズ集

エンカウンターで学級が変わる 小学校編　中学校編　Part 1～3
國分康孝監修　全3冊　Ｂ５判　本体 各2,500円＋税　Part1のみ　本体 各2,233円＋税

エンカウンターで学級が変わる 高等学校編
國分康孝監修　Ｂ５判　本体 2,800円＋税

エンカウンターで学級が変わる ショートエクササイズ集 Part 1～2
國分康孝監修　Ｂ５判　Part1：本体 2,500円＋税　Part2：本体 2,300円＋税

図書文化